因为有爱，才会期待

重遇谜一样的张爱玲

笑以苛／著

人民邮电出版社
北京

图书在版编目（CIP）数据

因为有爱，才会期待 ：重遇谜一样的张爱玲 / 笑以苛著. -- 北京 ：人民邮电出版社，2013.8(2013.10 重印)
ISBN 978-7-115-32129-9

Ⅰ. ①因… Ⅱ. ①笑… Ⅲ. ①散文集—中国—当代
Ⅳ. ①I267

中国版本图书馆CIP数据核字(2013)第118674号

内 容 提 要

有人说她是小资的创始人，有人说她是民国时代的临水照花人，还有人说她是文坛的一朵奇葩，人性的洞察者。是的，她的一生充满了传奇，就像她笔下的文字，精彩、孤寂和低郁。她，就是花开花落、芳香隽永的张爱玲。本书笔触清丽，以张爱玲的人生轨迹为线索，采用夹叙夹议的方式为读者展现了张爱玲极富传奇的一生。

◆ 著　　　　笑以苛
责任编辑　寇佳音
责任印制　周昇亮

◆ 人民邮电出版社出版发行　　北京市崇文区夕照寺街 14 号
邮编　100061　　电子邮件　315@ptpress.com.cn
网址　http://www.ptpress.com.cn
北京天宇星印刷厂印刷

◆ 开本：880×1230　1/32
印张：6.75　　　　2013 年 8 月第 1 版
字数：140 千字　　2013 年 10 月北京第 2 次印刷

定价：29.80 元

读者服务热线：(010)67189173　印装质量热线：(010)67129223
反盗版热线：(010)67171154
广告经营许可证：京崇工商广字第 0021 号

前言

在一个春意盎然的午后，我对着张爱玲一张清秀的黑白图片，写下了关于她的字句。这纷扰杂乱的呛人红尘，却让人因看着她的面容，品着她的文章，回归到最彻底的平和。原来有一种岁月叫慈悲，因为它懂得，在这寥廓的人间剧场，一个人要从开场走到落幕，是多么不易。所以它如此宽厚，让尝尽烟火的我们，依旧拥有一颗梨花似雪的心。

一个人能绽放怎样的华彩？一双手能谱出怎样动人的诗篇？一段过往又能牵绊多少人的心结？放眼望去，上海伫立依旧，佳人已不复在；曾经锣鼓喧天的倾城故事还在流传，讲故事的人却已经换了又换。

这个永远无缘会面的女子，又从远年的巷陌，款款走了出来。她着一袭素锦旗袍，穿越民国烟雨，走过季节轮回，透过四月葱郁的树冠，隐约可见当时的阳光，在一缕缕舞动的清风之间，凝聚起关于当时最美的尘缘。

张爱玲无疑是漂亮的女子，她深爱的男子胡兰成就这样描述过：“她觉得最可爱的是她自己，有如一枝嫣红的杜鹃花，春之林野是为她而存在。因为爱悦自己，她会穿上短衣长裤，古典的绣花的装束，走到街上去，无视于行人的注目，而自个儿陶醉于倾倒于她曾在戏台上看到或从小说里读到，而以想象使之美化的一位公主，或者仅仅是丫环的一个俏丽的动作，有如她之为‘借红灯’这美丽的字眼所感动，以至于愿使自己变成就是这个美丽的字眼那样。”一个有一定的审美水准且恃才傲物的男子能这样评论一个女作家，显然是发自肺腑。

张爱玲也是高傲的女子。人都说恃才傲物，何况张爱玲这样的大才大美。但凡了解张爱玲的人，无不被她的那张30度往上扬起的高贵的凌厉的头颅所震撼。那是一种怎样的桀骜不驯？一种怎样的看尽世事？然而，真正读懂的人却心疼……高傲是因为内心有着过往的悲凉！就像玫瑰，表面赤艳，却独自黯然。她比烟花寂寞。

张爱玲当然算得上才华横溢的女子了。单单一句：“也许每一个男子全都有过这样的两个女人，至少两个。娶了红玫瑰，久而久之，红的变了墙上的一抹蚊子血，白的还是‘床前明月光’；娶了白玫瑰，白的便是衣服上的一粒饭粘子，红的却是心口上的一颗朱砂痣。”便毫无保留，赤裸裸地道出了多少年后，生活在各个城市众女子的哀愁。一个字不多，一个字不少。这样的比喻不得不说犀利而恰当。

张爱玲真是痴情的典范。一个“守一颗心，别像守一只猫。它冷了，来偎依你；它饿了，来叫你；它痒了，来摩你；它厌了，便偷偷地走掉。守一颗心，多么希望像守一只狗，不是你守它，而是它守你！”不得不唏嘘，我们不过都是寂寞惯了的可怜人。然而，张爱玲始终是高傲的，即使被插足，也流着眼泪扬着高傲的头颅“我已经不喜欢你了。你是早已不喜欢我了的。这次的决心，我是经过一年半的长时间的考虑的，彼惟时以小吉故，不欲增加你的困难。你不要来寻我，即或写信来，我亦是不看的了。”想想算了，就这样吧。可是，感情真的是能抽身就抽身的吗？爱到后来，只剩疼惜。

也罢！十年间，弹指一挥。所有的人或事都会随风变化，有的人离开了我们，有的事儿灰飞烟灭。所谓的爱恨情仇，如果能经得住时间的蹉跎，那么就当是传奇。曾经年少，爱过的男子，十年之间或许成了白发苍苍的老人。再十年，或许已经化为尘埃。爱还在，恨不有！

真是这样的。

浮花浪蕊，五四遗事，一经提来多少恨。

误入连环套，古今无数痴怨女。

燎一壶、沉香屑，却闻茉莉香。

绣鸾付与鸿鸾禧，一生只候半生缘。

只一桩、戒色。

琉璃作瓦，金锁曾记，聚少离多年青时。
且品桂花蒸，人生几何倾城恋。
撷几枝、郁金香，但见花凋色。
心经读罢燃红烛，红烛泪下小团圆。
吟几段、留情。

不贪恋，不迷惘，不怨恨，就算这生命不算太长，她却已经历尽了红尘的繁华萧条，尝遍了人生的酸甜苦辣。或许她并非离开，也不愿意离开。

目录

第一章 恍若隔世

第二章

天才尘梦

第三章

倾城之恋

第四章
温暖北美

第五章 百年孤寂

第一章 恍若隔世

导言——银宫就学记

不久以前看了两张富有教育意味的电彩，《新生》与《渔家女》（后者或许不能归入教育片一栏，可是从某一观点看来，它对于中国人的教育心理方面是有相当贡献的）。受训之余，不免将我的一点心得写下来，供大家参考。

《新生》描写农村的纯洁怎样为都市的罪恶所玷污——一个没有时间性的现象。七八年前的《三个摩登女性》与《人道》也采取了同样的题材，也像《新生》一般用了上城读书的农家子为代表。中国电影最近的趋势似乎是重新发掘一九三几年间流行的故事。这未尝不是有益的。因为一九三几年间是一个智力活跃的时代，虽然它有太多的偏见与小心眼儿，虽然它的单调的洋八股有点讨人厌。那种紧张、毛躁的心情已经过去，可是它所采取的文艺与电影材料，值得留的还是留了下来。

《新生》的目的在“发扬教育精神，指导青年迷津”（引用广告），可是群众对于这教育是否感到兴趣，制片人似乎很抱怀疑，因此不得不妥协一下，将“迷津”夸张起来，将“指导”一节竭力地简单化。这也不能怪他们——这种态度是有所本的。美国的教会有一支叫做“复兴派”（Revivalisis），做礼拜后每每举行公开的忏悔，长篇大论叙述过往的罪恶。发起人把自己描写成凶徒与淫棍，越坏越动听。烘云托月，衬出今日的善良、得救后的快乐。在美国的穷乡僻壤，没有大腿戏可看的地方，村民唯一的娱乐便是这些有声有色、酣畅淋漓的忏悔。

《新生》没有做得到有声有色这一点。它缺乏真实性，一部分是经济方面的原因。并非电影公司不肯花钱，而是戏里把货币价值计算得不大准确的缘故。父母给了儿子600元买书，不肖的儿子用这600元赁了一所美轮美奂的大厦，雇了女佣，不断地请客，应酬女朋友。一个唯利是图的交际花愿意嫁给他，如果他能再筹到2000元的巨款。即使以十年前的生活程度为标准，这笔账也还使人糊涂。

男主角回心向善了，可是“善”在哪里？《新生》设法回答这问题——一个勇敢而略有点慌乱的尝试。至少它比它的姐妹作切实得多——从前的影片往往只给你一种虚无缥缈的自新的感觉，仿佛年初一早上赌的咒、发的愿心似的。《新生》介绍了那最合理想的现代少女（王丹凤演），她和男主角做朋友纯为交换知识。他想再进一步的时候，她拒绝了他的爱，因为这年头儿不是谈情说爱的时

候。毕业之后她到内地去教书，成为一个美丽悦目的教务主任，头发上扎一个大蝴蝶结。受了她的影响，男主角加入了一个开发边疆的旅行团，垦荒去了。他做这件事，并没有预先考虑过，光是由于一时的冲动、诗意的憧憬，近于逃避主义。如果他在此地犯罪，为什么他不能在此地赎罪呢？在我们近周的环境里，一个身强力壮、具有相当知识的年轻人竟会无事可做么？一定要叫他走到“辽远的，辽远的地方”，是很不合实际的建议。

《新生》另提出了一个很值得讨论的问题：大众的初步教育，是否比少数人的高等教育更为重要，更为迫切？男主角的父亲拒绝帮助一个邻居的孩子进小学，因为他的钱要留着给他自己的孩子入大学。然而他的不成器的孩子辜负了他的一片苦心，他受了刺激，便毁家兴学，造福全村的儿童。在这里，剧作者隐约地对于我们的最高学府表示不满，可是他所攻击的仅限于大学四周的混杂腐败有传染性的环境。在《渔家女》里面找寻教育的真谛，我们走的是死胡同，因为《渔家女》的英雄是个美术专门生，西洋美术在中国始终是有钱人消闲的玩意儿。差不多所有的职业画家画的都是传统的中国画。《渔家女》的英雄一开头便得罪了观众（如果这观众是有点常识的话），因为他不知天高地厚，满以为画两个令人肃然起敬的伟岸的裸体女人便可以挣钱养家了。

《渔家女》的创造人多半从来没看见过一个游泳着的鱼——除了在金鱼缸里——但是他用稀有的恬静的风格叙

说他的故事，还有些神来之笔，在有意无意间点染出中国人的脾气。譬如说，渔家女向美术家道歉，她配不上他，他便激楚地回答：“我不喜欢受过教育的女人。”可是，他虽然对大自然的女儿充满了卢骚式的景仰，还是不由自主地要教她认字。他不能抵抗这诱惑。以往的中国学者有过这样一个普遍的嗜好：教姨太太读书。其实，教太太也未尝不可，如果太太生得美丽，但是这一类的风流蕴藉的勾当往往要到暮年的时候，退休以后，才有这闲心，收个“红袖添香”的女弟子以娱晚景，太太显然是不合格了。

从前的士子很少有机会教授女学生，因此袁随园为人极度艳羡，因此郑康成穷极无聊只得把自己家里的丫头权充门墙桃李。现在情形不同了，可是几千年的情操上的习惯毕竟一时很难更改，到处我们可以找到遗迹。女人也必须受教育，中国人对于这一点表示同意了，然而他们宁愿自己教育自己的太太，直接地或间接地。在通俗的小说里，一个男子如果送一个穷女孩子上学堂，那就等于下了聘了，即使他坚决地声明他不过是成全她的志向，因为她是个可造之材。报上的征婚广告里每每有“愿助学费”的句子。

“渔家女”的恋人乐意教她书，所以“渔家女”之受教育完全是为了她的先生的享受。而美术生专门所受的教育又于他毫无好处。他同爸爸吵翻了，出来谋独立，失败了，幸而有一个钟情于他的阔小姐加以援手，随后这阔小姐就诡计多端破坏他同“渔家女”的感情。在最后的一刹

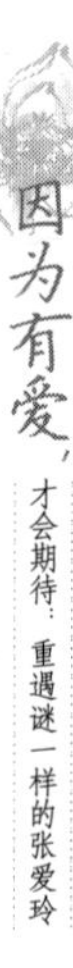

那，收买灵魂的女魔终于天良发现，一对恋人遂得团圆，美术家用阔小姐赠他的钱雇了花马车迎接他的新娘。悲剧变为喜剧，关键全在一个阔小姐的不甚可靠的良心——《渔家女》因而成为更深一层的悲剧了。

小 小

【爱玲说】我没赶上看见他们，所以跟他们的关系只是属于彼此，一种沉默的无条件的支持，看似无用、无效，却是我最需要的。他们只静静地躺在我的血液里，等我死的时候再死一次。我爱他们。

1920年的上海我不知道是什么样子？这个世界也不曾机缘巧合地说若干年后，在西北，会有这样一个女子的生长。

亦如那年，这是个动荡的岁月，多少遗老遗少披着华丽的残壳，在变革中挣扎，在繁华中恪守。没有人知道，在一个深秋下弦月的普通时日，旧上海，张家有位奇迹却平凡的女孩诞生了，一如她一生的文章，在轰轰烈烈的背景下是最最不过普通的人生了。“阳台搭着紫藤花架半壁斜阳爬，谁又拉起胡琴咿咿呀呀，红胭脂映着白月牙岁月起风沙，油纸伞外雨还在下……”

这个小女孩，生相，谈不上俊秀，倒有一番桀骜。说不上来的，怎么也说不上来的，渗出骨头里的傲气。这女孩，在繁华却落寞的大院，就这样生长——

那时，年轻的父母给第一个孩子总有着无限的“溺爱”。人，在年轻时，结晶是爱的最好明证。怎么能不起个表达自己情意的字名呢？于是，这对张家年轻的夫妇，给这年幼的女孩起了简单的乳名：小煐！

没有人想到这女儿便从此一生成为传奇，她，就是张爱玲！一生经历坎坷，孤独，贫穷，情困……一如其他女作家，总是遭受生命的磨难、活着的囹圄。杜拉斯说过，写作是一种慢性自杀的过程。廖一梅也说，写作就是一个不断质疑的过程。这是女作家的普遍心声。好像这个世界华丽的外表之下总是不经意撺掇了一个最大的阴谋？美丽的外表，动人的气质，高雅的品位，深刻的见解，然而，上帝始终会让这一切公平的。——万般皆好，世事无常，这个张家小女孩的命运，就此拉开了应有的帷幕……

张爱玲在文坛刚刚崛起的时候，那是20世纪40年代。战乱中的人们，迷惘失措，不知道明天在哪里。北京城里，荒凉得让人闹心——乞丐堆里有格格，乞丐堆里有阿哥。这时，人们已经来不及回忆旧日的繁华。只待昏暗的天空中，会有一抹灿烂的阳光，缓缓地照进人们虚眯的眼睛当中……

然而，骨血里的东西，只有那顶着繁华桂冠的女子，在黑暗的角落里，像是一只来自波斯的猫，抖动着自己美丽的皮毛，一幅幅画面像是定格的胶片在光影里闪烁，冲洗。一首林海的《琵琶语》将我们穿越到故事里的故事：家传的首饰，出嫁时的花袄，雕花的家具，漂亮的衣料，整桌的宴席，繁缛的礼节，男女之间的纠缠……

声声厮磨，上海，上海。

老祖宗，留下了什么？老祖宗，祭奠了什么？老祖宗，又保佑了什么？

而这一切，没有任何声息地幻化成这女子骨子里抹不掉的隐隐的贵族气息。永远抹不掉，真像是那水滴石穿，再想重现，当作什么也没发生，这种可能性似乎为零！

有人说，富容易，贵难。三辈才有可能出现一个“贵”字。于是，越来越多的人不由自主的像是马蜂被捅了窝一般在挖掘张爱玲的家世；就像很多人读了《红楼梦》一定要一一找回它的原型。

因为，对于一个创作者而言，生活给了他最好的底色。

我们在张爱玲的笔下，不难发现荣华富贵、功名利禄、繁华喧闹，不过只是朝夕之间的事儿；人生如此普遍相似，流水无情，纵然落花多情，历史的洪流总是义无反顾地送走一代代豪杰，又迎来一批批枭雄。似乎，人世间，只能当作一个“空”字。正如易经八卦，转了一圈，

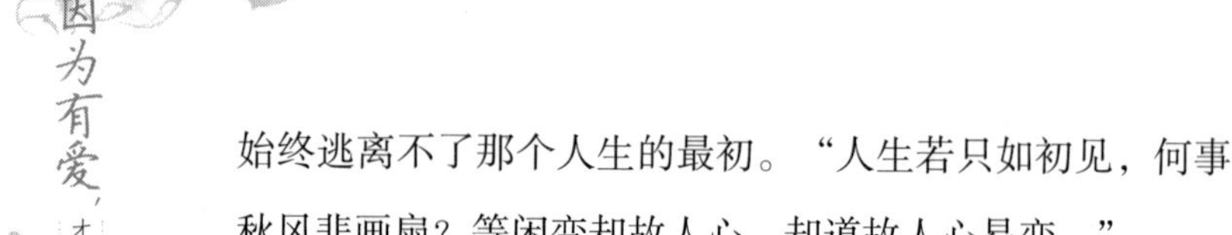

始终逃离不了那个人生的最初。“人生若只如初见，何事秋风悲画扇？等闲变却故人心，却道故人心易变。”

想想，可真是悲哀——

也有人，应着玛雅人的预言，如果2012年世界末日，你该会有何反应？我笑了笑，不禁想起赞美诗里面的一首——《日光之下》：“（日光之下有一个谜，忙碌的人群终日寻觅；日光之下有声声叹息，成功失败尽都空虚。日光之下有一个谜，忙碌的人群终日寻觅；日光之下有声声叹息，成功失败尽都空虚。）眼看看不饱，耳听听不足，万事令人厌烦，人心怎能说尽？日光之下有一个谜，世世代代谁曾解明？日光之下有声声叹息，生命多像捕风捉影！”

想想，明目、敏感的人都会体验到生命的大喜大悲、繁华与落寞、热闹与孤寂。但凡有这样心思的人，用任何一种艺术形式表现出来的悲欢离合，都不免带有伤感的背景底色。

这是时代赋予的，家族遗留的，更是传奇本来的面目！

于此，张爱玲的文字也早已有了方向。好像冥冥当中，每个人都有自己的宿命。一个人常常走在街上，看见面容柔软、五官精致的女乞丐，肾上腺激素急速增长，我害怕自己踉踉跄跄，一不小心从此沦落，尽管一步一步小心翼翼。但是繁华与落寞、富贵与贫穷这些似乎成了对立面的词语总是在我宽广的胸襟荡起阵阵涟漪。也许是经历的缘故，天生的一种不安全感，总是促使我像是一只枕戈待旦的麻雀，随时准备防御。

张爱玲，不知道这一切怎么了？我，不知道这一切的因缘际会？茫茫，茫茫。

没有人知道这里的来龙，一如没有人知道这里的去脉。就像陕西这片古老的黄土地上总是无端地出现了这么一批具有黄土味的艺术家。李志，说不上来的民谣摇滚家；郑钧，拿着一把廉价的木吉他，却唱遍了《长安，长安》；张艺谋，人们在诋毁，一直在诋毁，可是2008年这么气势恢宏的奥运会开幕式，恐怕也只有这下乡的知识青年卷着浓重的黄土味道，来书写中国新时代的画卷。

张爱玲，出生在这样的夹缝当中，仿佛，只为了书写，只为了文字。海派文化在这里生根发芽，在这里面向世界。于此，半个多世纪过去了，以至于有华人的地方便有张爱玲；有张爱玲的地方，便充满了浓浓的文学气息。

是什么力量，让这小女子小小成名？是什么宿命，让这女子凌厉传奇？

《圣经》里面创世纪有一节大致是这样的意思，从哪里来，回哪里去。张爱玲的文字里，我们不难看出，家传的古老气息，始终雕刻着这字字句句。当然，不光是这女作家一个人的记忆，一个人的美丽与哀愁。

张爱玲的文字更加是那个时代人们的回忆，以及深刻在骨子里的真实与凛冽。

这么沧浪刻薄的笔触，好像在20岁刚出头这样的年

龄，真的本不该，实在不应该出现这样凌厉的文字，实在不应该拥有这样悲凉的心境。就像最近《中国好声音》里面出现的也是一位刚刚成年的女子——吴莫愁，很多人在批判，她的《痒》怎么能和《天涯歌女》混合在一起呢？连音乐泰斗也在诧异和质疑，这是一种什么样子的唱腔？如若真的妄加猜透里面的故事，我们真的会在故事里一败涂地。就像张爱玲的文章，一出手，就是文坛里的琵琶音，描摹，洞察，撰写，无一不刻尽冷暖。吴莫愁是大篷车里长大的女子。那么张爱玲呢？我们在好奇，她到底出自什么样的家庭呢？是什么样的血液、荣辱造就这绝世的女子呢？文字，真的不只是情绪的一种简单的抒发……

曾朴曾经写了著名的《孽海花》，里面出现了曾经响当当的男主角：李鸿章，也就是张爱玲的外曾祖父。那时，那风，那月，那也曾是一段不菲的传奇。

励精图治，奋发图强，李鸿章在晚清的地位自然不容忽视，他克人克己，在朝纲上自有威严。他的确是历史上的弄潮儿，然而，这么一个大人物，在自己的私生活上却很少下文章，娶了一房太太，一个姨太太，生了二子二女。

都说“母亲爱儿子，父亲爱女儿”。父亲，自古跟女儿有着先天的接近，无论基因，无论脾性，无论环境，无论爱好。父亲，总是爱着自己的女儿，这个世界上唯一和自己有着相似基因的女子。

不贪婪，不色情。只是看见她笑，自己也笑；只是看见她伤，自己也伤。绝大多数父亲，可能都这样吧。李鸿章，也是。

李鸿章，经常留自己的女儿和自己一起看公文。大女儿李菊耦，23岁才出嫁。在那时显然已经是大龄剩女。可是，再是如何剩，也早已经够得上“白富美”了。

可是说来真的奇怪，大女儿嫁谁不好，偏偏嫁给一个年长她二十来岁、死过两个太太、革职充军的老头儿——张佩纶。这算什么呢？

然而，生在清末，就不要多说了。现世安稳，比什么都好！

于是，大女儿嫁给张家，他们便在南京盖了大花园偕隐，真正过起了“采菊东篱下，悠然见南山”的自在生活。

清末的事情暂且作罢。

只是在后辈们看来，大家都不喜欢这位年老的父亲，在张爱玲姑姑——张茂渊的心里，这位父亲仿佛从来没有英雄过，只是依靠自己的老婆在吃着“残羹剩饭”。英雄往往是要靠历史的衬托。时年已过，英雄成为最最不过的平凡老头了，谁还会在乎他的过往？只是，想想秋风落叶，已经没有人记得“日出江花红胜火，春来江水绿如蓝”了。

大起大落，最后不过平平淡淡。说来，是历史真正的悲哀呢。

那时候，姑姑是位年轻的女子。她常对张爱玲说起：

“我想奶奶是不愿意的。”“这老爷爷也真是——！两个女儿一个嫁给比她大二十来岁的做填房，一个嫁给比她小六岁的，一辈子嫌她老。”

写文字的人，从小就表现出比别人更大的好奇心。仿佛冥冥当中，这时间的美丽与丑恶总是要深刻见底。航行再远的船只，总要靠岸。当小爱玲向姑姑打听有关祖父更多信息时，姑姑只是摇摇头：“一点都不记得了。”

张佩纶，那么大一个英雄。真的，在小辈这里就是几句讥讽的话，草草了事。想想真够叫人伤心的。

在当时，被官场以及民间议论的一段风流佳话，在后辈这里，只是被说成这世间饮食男女最通俗的演绎：男的配不上女的，还是女的配不上男的？

张爱玲的父亲，张廷重，显然是遗老遗少的代表。在历史上能留其名，也多半是因为自己这惊世的女儿。

张廷重，这个真正被历史淹没的男孩。七岁的时候便失去了父亲，靠母亲李菊耦一个人来抚养。

那时候，一个没落贵族家庭里抚养的男孩难免畸形。母亲，总是按照自己的思维方式，害怕男孩子学坏。于是，总是对儿子——张廷重习惯性用“女儿的教化”。有人说一个女人养出来的男孩是不健全的，他永远不会懂得力量的使用与接纳。可是，想想一个年轻的单亲妈妈养大他们已经很不容易了。李菊耦还是用自己的方式在教育着自己的子女。

结果，这样的张廷重终究是带着严重的翰林家族的气息。在张爱玲的记忆里，父亲绕室吟诵，滔滔不绝，一起到底。末了，拖起长腔，一唱三叹，这首刚完，接着，下一首。让人听着真够心酸的。

张廷重生在这个时代，多少会些英语。就像20世纪80年代出生的我们，都是大学生一样。每个人，任凭能耐再大，但是历史的洪流总还是会将我们卷走的。张廷重这帮遗老遗少实在像是在夹缝中偷生的劲草——做生意外行，在政界里不行。

这不光是时代使得他们尴尬，其实他性格里早已埋下了尴尬的种子。

后来听张家的老仆人何干说："老太太总给三爷穿得花红柳绿的，满帮花的花鞋——那时候不兴这些了，穿不出去了。三爷走到二门上，偷偷地脱了鞋换上袖子里塞着的一双。我们在走马楼的窗子里看见了，都笑，又不敢笑，怕老太太知道了问。"

她宁可自己的儿子见不得人，也不要跟那帮"野孩子"学坏。

谁知道，这时奶奶的哀愁呢？还那么年轻……可能是一种少妇的心理别样的扭曲。这奶奶倒是把自己的女儿——张爱玲的姑姑打扮得干练、潇洒，人们称她"毛少爷"。

以至后来两个儿女，真随了小时候奶奶的教育。仿佛

草莓的培育，你给它加牛奶，长大就是牛奶草莓；你给它加红色素，长大就是“胭脂莓”。

于是，张廷重这样的贵公子就在这样的环境中长大成人。您说，他该是什么样子的草莓呢？

终是，男大当婚，女大当嫁。张廷重，这样的男子也在向自己的婚姻，或者爱情敞开最美妙的音符。

不管在任何时候，一旦谈及婚姻，在中国这样一个国度里，人们总是很看重“门当户对”，尽管有时候忽略人的本真就是一个极大的错误，但是，在中国，人们习惯这样进行，并且乐此不疲！

张爱玲的父亲，张廷重；张爱玲的母亲，黄素琼；那年姣好，金童玉女，羡煞旁人。黄素琼虽出身官宦，但是，她身上总能看出挣脱牢笼的粗野，这大概也是源于黄素琼的母亲是农家女，嫁给了她的父亲做妾。所以，严格地说，黄素琼骨子里流着乡土深处的浓郁气息，她是个美丽、敏感的女人，长得清秀高挑，有点像外国人，头发不太黑，皮肤也不是很白，深目高鼻，有些像是拉丁民族，野性，温婉，保守，开放……这也是骨血里的东西。谁都没有办法。

婚姻是对一对陌生的男女最真实，也最见底的考验。人们都渴望“最浪漫的事就是和你一起慢慢变老……”坐着摇椅慢慢聊。仿佛这样的晚景，总是让人着迷。这是一种什么样的情愫呢？这是欲望美好的终结！黄素琼和张廷重也是这样想的。对不对?

然而，幸福的婚姻都是相似的。不幸的婚姻，各有各的难处。结婚不是很长时间，这个先进的女青年，已经深深地感觉到了与丈夫的格格不入，好像再这样生活下去，已经看不见希望了。

尽管，那时候，张廷重也看萧伯纳的《心碎的屋》，看完还不忘标记一下："天津，华北。1926。32号路61号。提摩太.C.张。"然而，他终归是历史的局中人。他懂得新思想，新观念。但是不接受。就像一个很纯正的西北男子，很爱一个具有国际范儿的女子，却怎么也接受不了……

每个人都在分析这背后的原因，张爱玲还是一语中的："他们在思想上都是受'五四'的影响，就连我父亲保守性的也有选择性的，以维护他个人最切身的权益为限。"

黄素琼，这样的女子。我想是一只美丽的狡兔，不会在这座大院里，看春起秋落、夏盛冬凋。她一直盼望着自己的生活能有新的阳光照进来。张爱玲之后在自己的文字里这样描述这个最亲，却有着说不明的疏离感的女子——"她是位美丽而敏感的女人，而且我很少有机会和她接触。我四岁的时候她就出洋去了，几次回来又走了。在孩子的眼里她是辽远而又神秘的。有两趟她领我出去穿过马路的时候，偶尔拉我的手，便感觉一种生疏的刺激感，可

是后来在她窘境中三天两天向她要钱，为她的脾气折磨着，为自己的忘恩负义磨难着，那些琐碎的难堪，一点点地毁了我的爱。"

这都说到后来了。一个人的人生轨迹往往由性格决定。黄素琼，就是这样的。在还是年轻的时候，就已经有了基因的强烈折射。悲凉的是，终究描述她的最准确的文字，还是被自己的女儿不忍簌簌写下。

终于，时机还是向黄素琼这进步的女子打开了窗户。1924年，妹妹张茂渊要出国留学了，黄素琼终于找到机会，借机说是妹妹出国需要监护，便踏出了国门。那年，黄素琼31岁。只留下：一儿；一女，四岁。

小小的张爱玲，那时不知道这一切是为了什么？仿佛这个大家庭里有着不为人知的血雨腥风。繁华，没落，热闹，冷清。小小的爱玲，并不知道这一切是怎么了？只是渴望和其他小女孩一样有个温暖的家，有个幸福的港湾。仅此而已！

母亲，就这样很洋气地成了中国第一代"出走娜拉"。

男人，就是这样的伤风败俗。离开女人不仅是生理上的过意不去，更加是心理上的灾难深重。自己的结发妻子刚刚离开，张廷重便迫不及待接回了自己在外面包养的姨奶奶。从此，家里很是热闹，这姨奶奶喜好戏曲。所以，经常请来戏班子唱戏。

听说，姨奶奶以前是个名妓，人称"老八"。比张廷重的年龄略大，苍白的瓜子脸，长长的前刘海。身上有着褪不掉的风尘味。要说这世间的女子，哪个不是良善？只是这姨奶奶与黄素琼已经没有了可比性，一个就像是酒吧里的黑玫瑰，一个则是雪山上的雪莲。

那时候的张爱玲才四岁啊，她不懂得，但是她感受到了这个家族的男欢女爱，这个历史残留的余账。

这位姨奶奶经常带张爱玲吃喝玩乐，目的只是想在张家抬高自己的地位。女人在欲望着急的时候，总是会想出一些拙劣的伎俩。聪明的女人与卑劣的女人其实在小事儿上已经泾渭分明。如果真要作最后的颁奖，我只能说世有千千男子，任有溜溜的女子。各有所好！

这女子跟张廷重可真是天生一对，两个人都有严重的“阿芙蓉癖”（抽鸦片）。飘飘欲仙，仿佛进入了极乐世界，仿佛从来不用考虑生涯。

然而，黄素琼已经“天涯，在何方？鸿雁，为谁忙？风沙狂，足影残。乌云来回了几趟。天涯，何处凉？心宽地自宽”……

在这死气沉沉的家庭里，张爱玲的内心里开出一朵凛冽的毒花，只是那时候，谁也不会在乎这旁边的女孩子。连这小女孩自己也不知道，这朵凛冽的毒花正在歇斯底里急促地疯长……

小煐，小煐。大家都像是在叫一只猫猫狗狗，没有真正去重视这张家的女孩子。

爱情这个东西，在年幼的爱玲心里没有概念。只是父母的分分合合，让爱玲过早地看到了悲凉，仿佛基因密码在这时已经开始贮存。张廷重，再在外面胡来，还是爱自己的原配妻子黄素琼的。

一年之后，母亲回来了。

母亲，这个时候就像是遥远世界的美丽女神。爱玲是向往远方的。看见母亲，也是“美人如玉，剑如虹”。黄素琼，也是好久没见到自己的这双儿女了。这时的黄素琼给自己改了一个当时颇为时髦的名字，逸梵？黄逸梵。到底是十月怀胎的亲骨肉，见了张廷重再是恶心，见了这对可爱的子女，也是欢笑不止。母亲用自己特有的方式给这年幼的姐弟俩唱歌，姐弟欢欢笑笑，高兴得说不出来得好。

这段时间，张爱玲的心里是极美的：和美，温柔，快活。然而，父亲和母亲，似乎已经冥冥注定，这辈子是要分开的，任凭中间父亲用尽各种方法企图挽留母亲。有人说，爱情也是讲缘分的。缘分尽了，任你一方再怎么努力，都是无用的。该走的，还是要走的……

会文字的女子，总是早慧的。七岁那年，张爱玲写了自己的第一部小说。张爱玲虽然有一个弟弟，但是弟弟天生的软弱，似乎给这早慧的姐姐总是无端加分。男孩女孩，真的说不出来到底哪个性别更好？就像是唐玄宗时期，一时间大家居然“信知生男恶，反是生女好。生女犹得嫁比邻，生男埋没随百草”。张爱玲的弟弟和爱玲这即将的绝世才女，这个时候，性格已经悬殊开来。

八岁那年，张爱玲写了一篇乌托邦小说《快乐村》，也许是美好的希望，希望自己的家庭更加和谐一些，也算是无言的呐喊。然而，呐喊终归是无效的。直到母亲——黄逸梵要离去，一个中年女子孤零零地立在镜子面前，人们都说美人不许见白头，想想自己已经多少岁了？落寞地看着苍凉的影子。也许只有自己的女儿解读了：“再没有心肝的女子说起她去年那件织锦缎子夹袍的时候，也是一往情深的。”

这样干净利落的句子，怕是从那个时候就已经萌芽了。

张爱玲的童年是活跃恣肆的，同时也埋下了阴郁的种子，因为这样的家庭。在十岁那年，母亲终于要去法国了，母亲来看她，她很安然，母亲亦然。然而，骨肉分离怎能不令人肝肠寸断？只是这样的冷艳决绝，不善表达，“执手相看泪眼，竟无语凝噎”。

一直等到风中的夕阳将母亲高瘦的影子逐渐拉长，可还是漠然，很久，很久，影子渐渐远去，眼泪终于出来了。在寒风中，大声抽泣，哭给谁看？哭给自己看！

回不来了，再也回不来了！

为了现世安稳，爱玲一生在追，在寻。母亲，又何尝不是呢？

我没赶上看见他们，所以跟他们的关系只是属于彼此，一种沉默的无条件的支持，看似无用、无效，却是我最需要的。他们只静静地躺在我的血液里，等我死的时候再死一次。我爱他们。

这爱，来得清冽、干脆。

她不说，只是故事中已有——

少女心

【爱玲说】项羽把耳朵凑到她（虞姬）的颤动的唇边，他听见她在说一句他所听不懂的话：“我比较喜欢那样的收梢。”

谁都不知道天才的命运将置于何方？仿佛人们街谈巷议的世界末日的到来，没有人知道它会什么时候出手。只是，天才表现与众不同的就是跟其他同龄孩子有着歇斯底里的区别。仿佛女娲将其与众人有意划开界限。

很快，张爱玲黄氏小学毕业了，进入当时上海非常著名的圣玛利亚女校。这所学校是美国的教会女中，是一所贵族学校，重在培养西洋淑女。在这上学的大多是有钱人家的孩子，因为只要走出这所学校，就意味着，以后不是商界名流的太太，就是政界要员的妻子。仿佛今天的高考，211大学似乎有很大保障似的。更甚的是，如果学习成绩优异，还会被保送到英国的名牌大学去深造。

女孩，在中国这个传统的国度里，似乎残留，也更加

合理的归宿就是“嫁汉嫁汉，穿衣吃饭”了。已经分手两年的男友，再次联系。他说道：“我以为你已经回老家，嫁人了。”笑了笑，好像在弱肉相残的社会中间，真的要一位女孩子家家去与男子叼饭碗，好像不是弱羊儿，便是“爷”的表现了。左右为难，反倒不如嫁人一了百了。这就是中国人的理儿，这也是女孩子家家的归宿了。真要是嫁个如意郎君，也便真是不枉此生。

于是，但凡女孩的家长便从小就开始培养女孩的一些“作风”。这样的西洋淑女学校，在当时便是很多“后生”的可塑之地了。当然，最重要的是你要掏得起学费。

在这所学校，女孩们都穿着当时最流行的学生装。只有张爱玲穿得破旧、灰暗。

在小姐太太出没的地方，张爱玲的寒酸让她少了更多的言语。在我们上学的时候，沉默的学生似乎总是让人猜不透，摸不着。这是怎么了？肯定是心理有疾。这高傲的心用什么来拯救？这骨子里的锐气什么时候出发？

她在沉默。她一直将头深深地埋下。她发誓，一定要以最强悍的方式挽回自己的颜面。衣服？时尚？哪个女孩子家家的不爱呢？自古李延年就有“北方有佳人，绝世而独立，一顾倾人城，再顾倾人国。宁不知倾城与倾国，佳人难再得”？这到底是一种什么样的美，令人心驰神往？唐伯虎的点秋香，也是因为三笑而落心中，于是，有了悲欢离合。张爱玲，这小女子对这一切是多么的向往！也是何等的敏感！

张爱玲，梦里将漂亮的衣服念叨了，再念叨。

到底是没妈的孩子。张爱玲的继母把自己两箱子衣服给了她，说都是“上好的料子”。然而，袖口一个个都磨掉了，这还说是将自己继母的心奉上呢！

张爱玲，这么一位爱美的女孩子，到死也不会忘记那件发暗的红色的薄棉袍，像是浑身生了冻疮，可还是今天穿了，明天还穿。何时是个尽头啊？仿佛秋季的连阴雨，总是看不见阳光的影子。这样的衣裳，张爱玲觉得是丑陋的、罪恶的！

同学们个个穿着时髦、流行，代表了当时社会的时尚元素。然而，爱玲穿着这破烂似的衣服，不免落寞、悲凉。年纪轻轻，心已沉沉：青春如流水一般的长逝之后，数十载风雨绵绵的灰色生活又怎将度过？

心境，与年龄有着不相称的背离。然而，天才始终是要见光的。尽管外表看起来不是那么光鲜，尽管总是沉默得可以将整个闹市填平。爱玲，这样的文学天才始终是要见光的。新来的国文部的汪宏声先生给这个学校的国文带来了新的力量，给爱玲也带来了崭露头角的机会。就连最后自私刻薄，对人不屑的爱玲自己也说：“中学时代的先生我最喜欢的一个是汪宏声老师，教授法新颖，人又是非常好的。”

人生往往如此，在不经意的路口，总是会有那么一两

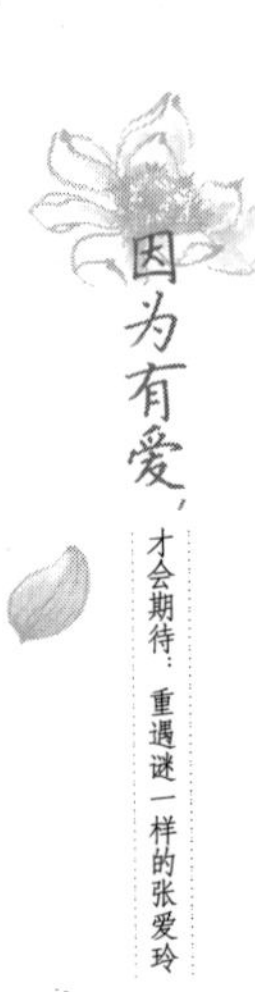

个人出现。仿佛一切都是上帝预备好的，让人惊奇、欣喜与安慰。

汪先生到底是有理想的老师。不管是什么样的理想，总归是有美好的愿望。汪先生一来，就打算将这个学校里学生的国文赶上去。毕竟“四书五经”是中国的女子应该读懂的。毕竟诸子百家的思想自有其深邃之处。毕竟新文学的船渡上有着时代的符号。汪先生为此，在文学上和孩子们身上做了很大的努力。

第一期作文课，汪先生就将《学艺叙》《幕前人语》苍劲有力地写在黑板上，仿佛从这一刻起，看到的就是下一代文学天才、新的力量。

孩子们在年少的时候都像是天际里散落的小星星，每个人都闪耀着自己的光芒。仿佛明日之星指日可待。汪先生的课堂里坐满了女学生，下面就有一个瘦瘦小小、穿着寒酸的姑娘，她，就是张爱玲。

汪先生的课就这样开始了……

这时，做惯了八股文的同学开始窃窃私语，仿佛一切孩子面对一切新鲜事物一模一样。

汪老师开始讲解了：“诸位都在学习钢琴和唱歌，《学艺叙》就是叫你们把习琴习唱的经过与感受写下来，《幕前人语》就是影评，请把你们看完电影以后的感受写出来。当然，如你们自己另有意愿发表思想不妨自由命题，应用任何题材。”

汪先生的新颖观念，为难了这帮小姐们。于是，小姐们个个“为赋新词强说愁”。下课铃响了，这些美丽的女孩们都交上自己的“作品”。

强扭的瓜实在不甜。小姐们的文章实在是有些晦涩。

一篇篇看过去了，汪先生始终眉头紧锁：这帮孩子，看来还真得费神了。正在兴趣渐失的时候，一篇自主命名的文章《看云》不经意钻入汪先生的眼帘。虽是有几个错别字，但是用词瑰丽、文笔洒脱，甚是难得。末尾署名，张爱玲。

张爱玲，这个女孩的文章不错，是可塑之才。汪先生看见这样的文笔，仿佛是在黑暗的星际，终于见到了一点点光亮。

他要看看这女孩到底出自什么样的家庭？这女孩到底经历了什么？这女孩到底长什么样子？点评时，汪先生格外留意了这个叫张爱玲的女孩。只见倒数第一排那个座位上站起来一个瘦瘦的女孩，穿着极为朴素，表情拘谨、呆板，好像很不情愿在班里露出自己的身影。汪先生怀着万分好奇的心情，对这篇《看云》作了细致的点评。

汪先生通过张爱玲的《看云》，对大家进行启发、引导。其他同学的文章渐渐活跃起来。只是爱玲还是保持自己惯有的沉默或者叫冷漠的态度，似乎华丽的背后，谁都道不尽她苍凉的心酸。

其实，在这之前，爱玲已经在学校年刊的《凤藻》上发表了几篇文章，其中有小品文《心愿》和《牧羊者素描》，以及在1932年的时候发表的《不幸的她》，里面的女主角年轻、孤傲，为了自由、理想，独自寻找，却在四处漂泊。如泣如诉、缠绵忧郁，谁说这不是在写自己母亲呢？

> 灯光绿黯黯的，更显出夜半的苍凉。在暗室的一隅，发出一声声凄切凝重的磬声，和着轻轻的喃喃的模模糊糊诵经声，“黄卷青灯，美人迟暮，千古一辙”。她心里千回百转地想，接着，一滴冷的泪珠流到冷的嘴唇上，封住了想说话又说不出的颤动着的口。

那年，爱玲12岁，笔色凝重，不由得令人咋舌。

大凡早慧的人已经看出，这女儿写的“美人迟暮”当是自己的母亲，尽管不语，谁又能说母女不连心呢？爱玲已经能感受得到母亲在高呼“进步青年”后面的丝丝悲凉，年华老去、美人迟暮的万般无奈。清夜闻钟，红楼一梦，回首已是匆匆当年月。

在爱玲的眼里，世界是肮脏的、腐朽的、沉郁的！人们似乎不明白这位少女的基因里到底长出了什么恶毒的花？可是谁又能否认她的观点呢？

> 雨静悄悄地下着，只有一点细细的淅沥沥的声音。橘红色的房屋，像披着鲜艳的袈裟的老僧，垂头合目，受着雨底洗礼。那潮湿的红砖，发出有刺激性的猪血的颜色和墙下绿油油的桂叶成为强烈的对照。灰色的癞蛤蟆，在湿滥发霉的泥土里跳跃着；在秋雨的沉闷的网底，只有它是唯一的充满愉快的生气的东西。它背上灰黄斑驳的花纹，跟沉闷的天空遥遥相应，造成和谐的色调。
>
> 它扑通扑通地跳着，从草巢里，跳到泥里，溅出深绿的水花。
>
> 雨，像银灰色黏濡的蛛丝，织成一片轻柔的网，网住了整个秋的世界。

也许，这些苍老的文字真正应了她那死气沉沉的家。

天才，仿佛只需要引导，并不需要做大量的教导，张爱玲在文学方面的天分，在这个时候已经一发不可收拾。

为了增加学校里的文学氛围，同时也是完成自己的梦想，汪先生创办了最早的《国光》。理想的编者当然是自己中意的学生——张爱玲。然而，她好像对这些“浪费时间”的事情没有一丝兴趣，只是在里面着重发表了自己的小说《牛》以及《霸王别姬》。

《牛》写的是一篇农村题材的文章，仿佛跟张爱玲

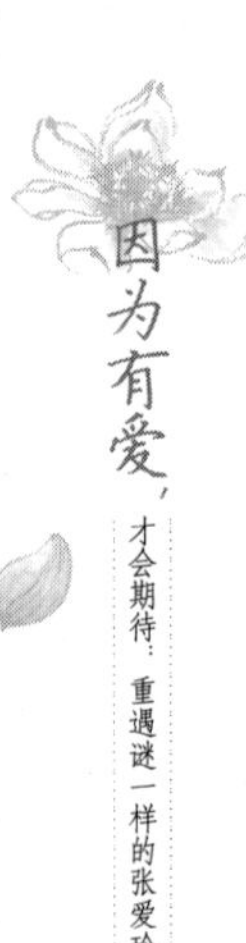

的生活没有一点儿的交集，悲就悲在这处，没有农民式的身份，却有着农民式的生活。想想有些事情真是让人哭笑不得，终究是说不上来它的好坏。于是，写起来活色生香，饶有兴致。

故事的底色其实还是自己家庭里面浓郁的底色。每一个作者的笔下都难以脱离自己的影子。文中讲的是一对很平凡的夫妇，是怎么一无所有的。最先是家里的一头壮牛被活活牵走了，紧接着是老婆的簪子变卖了，直到最后家里所有的东西都慢慢变成了别人家的。说到惨，这一切是没落贵族家庭的落魄、无奈，还是张爱玲真的伤到了骨子里？

> 哭得打噎——她觉得她一生中遇到的可恋的东西都长了翅膀在凉润的晚风中渐渐地飞去……展开在禄兴娘子前面的生命就是一个漫漫的长夜——缺少了吱吱咯咯的鸡声和禄兴的高大的灯前晃来晃去的影子的晚上，该是多么寂寞的晚上呵！

张爱玲，写得出的苍凉，读不透的落寞，谁都不知道这少女心里是荒凉的，她和文中主人公有着同是天涯沦落人的惺惺相惜。

少年时节的孩子都是充满想象力的，爱玲也是极为幽默。

汪先生在课堂上讲了《项羽本纪》，爱玲根据历史充分发挥自己的想象，写了很有意思的《霸王别姬》。里面很有兴致地添加了现代心理分析的意味。

> 即使“十余年来，她以他的壮志为她的壮志，她以他的胜利为她的胜利，他的痛苦为她的痛苦”“她仅仅是他的高亢的英雄的呼啸的一个微弱的回声，渐渐轻下去，终于死寂了”。然而，这时候的女子似乎已经想到了自己生命的尽头，尽管这个男子现在是这么爱她。她在想象：“——啊，假如他成功了的话，她得到了些什么呢？她将得到一个‘贵人’的封号，她将得到一个终身监禁的处分。她将穿上官妆，整日关在昭华殿的阴沉古暗的房子里，领略窗子外面的月色、花香，和窗子里面的寂寞。她要老了，于是他厌倦了她，于是其他的数不清的灿烂的流星飞进他和她享有的天宇，隔绝了她十余年来沐浴着的阳光。她不再反射他照在她身上的光辉，她成了一个被蚀的明月，阴暗、忧愁、郁结、发狂。当她结束了她这为了他而活的生命的时候，他们会送给她一个‘端淑贵妃’或‘贤穆贵妃’的谥号，一只锦绣装里的沉香木棺材，和三四个殉葬

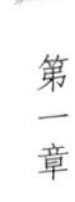

的奴隶。这就是她的生命的冠冕。”

爱玲，自私到替这虞姬做了最后的主：

> 虞姬微笑，她很迅速地把小刀抽出了鞘，只一刺，就深深地刺进了胸膛。项羽冲过去托住她的腰，她的手还紧紧抓着那镶金的刀柄。项羽俯下他的含泪的火一般光明的大眼睛紧紧瞅着她。她张开她的眼，然后，仿佛受不住这样的强烈的阳光似的，她又合上了它们。项羽把耳朵凑到她的颤动的唇边，他听见她在说一句他所不懂的话：“我比较喜欢那样的收梢。”

传统剧目总是给这普通的女子扣上民族大义，然而终是女人了解女人的。爱玲的早慧与幽默，谁又不说是做一个女人的悲哀呢？可是这样的悲哀为何过早地深埋在这个少女的心里呢？莫非张爱玲，这个时候，已经是小资典范的祖师奶奶了？

张爱玲，表现的清醒是惊人的，怕也真是她那个家族的凛冽。就像曹雪芹，仿佛这世间男女情事皆逃不出他的词和句。

汪先生对张爱玲是极为看好的，对这篇《霸王别姬》也是大加赞赏，和当时已经出了名的郭沫若的《楚霸王之死》相比，真是不分上下。

此女孩，如果慧根继续，前途显然是不可限量。

仿佛天才，不需要，从来都不需要夸奖。任凭这世界热闹非凡，好像已经与自己无关。张爱玲只是认真写着自己的一字、一句。不为任何人，任何杂志。像是安妮宝贝的微博，从来不收听任何人的。那是别人的事儿，与自己何干？这些早慧的女神们——

汪先生，再喜欢这聪明的女孩儿，也着实没了办法，每次要稿，张爱玲都是一句“忘了”。但最后，还是会补上的。在她看来，质量第一。

张爱玲，也是具有调皮的因子——我实力不行，我就用自己的笔，刺向“敌人”的咽喉。

其一

橙黄眼镜翠蓝袍，步步摆来步步摇，

师母裁来衣料省，领头只有一分高。

其二

夫子善催眠，嘘嘘莫闹喧，

手袖当堂坐，白眼望青天。

投给汪先生，下面没有任何署名，然而“知徒莫若师”，汪先生知道这是讽刺了两位男老师。一位男老师性格温和，笑笑作罢，小孩子嘛。另一位则大动肝火，给出三个

选择：一，汪先生和作者道歉。二，停办《国光》。三，张爱玲不许毕业。于是，汪先生采取了第一种办法，也算是息事宁人了。

小小的爱玲，不知道当时作何感想呢？

在当时的这所中学里，因为是培养西洋淑女，钢琴、唱歌成为重要科目。然而，对于文学天才，这些只需经历，不是重点。

张爱玲很快就厌倦了。只是对颜色和绘画，爱玲一直保持高度热情。她喜欢漫画，于是在当时的《大美晚报》上发表了自己的漫画，得了五元的稿费。爱玲高兴极了，迫不及待地给自己买了一支很好的口红。

爱玲，就这样在学校里过着自己的中学生涯。表面光鲜，内心苍凉。谁知道一个没有母亲照顾的孩子的心呢？谁知道看着这死气沉沉的家庭的悲呢？

伤心夜里，独自做梦。文字自娱，怅然悲欢总是抬头转逝。

妈妈，你想我了吗？想弟弟了吗？

爱玲这时候创作的女性形象，很多又未尝不是在思念自己的母亲呢？

“黄卷青灯，美人迟暮，千古一辙。”

深宅寒

【爱玲说】照片这东西不过是生命的碎壳；纷纷的岁月已过去，瓜子仁一粒粒咽了下去，滋味各人自己知道，留给大家看的唯有那狼藉的黑白的瓜子壳。

张家的老宅在张爱玲的心里仿佛南方的梅雨季节生发出来的绿色青苔。家里是世道的没落，母亲出走，父亲依旧颓废。似乎，这天，没人能改变。此时，小小的爱玲，刚刚不过十来岁。虽然说上帝要成就一个天才，就会使其从小历尽磨难，可是为何一切都来得这么早呢？

张爱玲，也喜欢热闹，也喜欢积极，也喜欢温暖，也渴望父母的宠爱……可是，这一切，对于她来说太过奢侈了！

所有的画面像一幅幅旧照片，在张爱玲的内心深处刻尽了人情冷暖。她想哭，可是已经没有了眼泪。生性倔强，当真如此？

张爱玲，似乎在妥协，似乎在挣扎，似乎在奋斗。只有自己那颗明媚无比的心可以看到一丝丝光亮。自己对自己说，我可以冲破这一切。

张爱玲自从上了中学之后，很少回家了。仅仅是偶尔，她会回到亲爱的姑姑家里。姑姑张茂渊也是为人清冷，但毕竟是亲哥哥的女儿，况且对黄素琼这位思想先进的嫂子还是抱有几分敬意。一个清凉的夏夜，在姑姑家的小阳台上，姑姑把张爱玲父亲又要结婚的消息告诉了她。张爱玲面无表情，可是心猛地抽紧了。此时，凄凉——惶恐——！

张爱玲很小就喜欢看小说，小说里面又有那么多有关继母是怎么虐待小孩的。那时候只是抱着很深的同情心。她千想万想，没想到这种命运竟然会在自己身上兑现。小小的爱玲无力而茫然地靠在阳台的栏杆上，下面是繁华大上海的夜，璀璨得像是白昼。爱玲此时的心里只有一个迫切的愿望：我要想尽一切办法，让她死！让她死！我要让她死！

站在车水马龙的旧上海街道上，张爱玲似乎已经看见自己之后的命运……恐惧、挣扎、徘徊、绝望，谁会想到一个小孩子的胆战心惊？然而，该发生的事情终究还是要发生的。继母在1934年，踏进了张家的大门。她也算是和父亲家世相当，背景类似。

继母是前北洋政府总理孙宝琦的女儿。这位“大家闺秀”，说来还真的挺惭愧的，没有传说中的温婉贤淑，倒是真真独有人们想象当中所有继母具有的阴险毒辣。据说，孙宝琦在北洋政府里“官声”不是很好。他生有8男16女，妻子儿女全都染上了“阿芙蓉癖”。张爱玲的继母和当时的名媛陆小曼是闺蜜，都是吞云吐雾的芙蓉仙子。婚后，继母的床头挂着陆小曼的油画——瓶花。

不知道是出于对继母的厌恶还是另有其他原因，张爱玲从小对这位社交场合的名媛——陆小曼，便没有好感。

父亲再婚之后，张爱玲一家就搬回到麦根路别墅里去了。这是张爱玲的出生地，是一所民初式的老洋房，本来也就是张家的产业。

张爱玲很少回家，见到继母，仅仅是寒暄而已，偶尔也只是一两句家常话。没有母女的温馨，对于张爱玲来说，这是多么尴尬而生分的境地。她痛恨这种异常冷漠的母女关系。然而，又有什么办法呢？这个世界上，最难填平的不是千沟万壑，而是心与心的间隙。是的，张爱玲是不喜欢待在家里的。她说：“房屋里有我们家的太多的回忆，像重重叠叠复印的照片，整个的空气有点模糊。有太阳的地方使人瞌睡，阴暗的地方有古墓的清凉。房屋的青黑的心子里是清醒的，有它自己的一个怪异的世界。而在阴阳交界的边缘，看得见阳光，听得见电车的铃与大减价的布店里一遍又一遍吹打着《苏三不要哭》，在那阳光里昏睡……”

就这样，张爱玲穿着继母给的衣物，在圣玛利亚学校学习着，在冰冷的家里生活着。

这女子，从小时候起，心已经备受摧残。只是，这伤疤，没有一个人看得见。只有这敏感、聪慧的女孩在暗地里伤口流脓、生疮，到模糊不堪……清冷，清冷，孤独，孤独。一棵自生自长的清凉之花，在黄昏的老宅子里，“摇曳生姿”！

出逃

【爱玲说】要做的事情总找得出时间和机会，不要做的事情总找得出借口。

张爱玲中学毕业那年，母亲终于回国了。中年的母亲，风韵犹存，美人迟暮，经过西方风雨的熏陶，显得更加风致动人。

这次，母亲还带回自己的美国男友。他是个生意人，四十来岁，英俊潇洒。

母亲此次回国专门是为了张爱玲的学业的。她托人约了张廷重，张廷重反倒避而不见。

在年轻的张爱玲看来，毕业是令自己开心的一件事儿。压抑的中学时代终于要过去了。她感觉到自己的羽毛渐渐丰满起来。她要飞，要离开这个死气沉沉的家，飞到那自己想要的地方。张爱玲觉得自己快要破茧成蝶了。

张爱玲那时候的想法是这样的："中学毕业后到英国

去读大学……我要比林语堂还出风头，我要穿最别致的衣服，周游世界，在上海自己有房子，过一种干脆利落的生活。”在这个家里，充满着腐朽与沉闷，她怕自己有一天变得像弟弟一样了。

记得有一次，为了一点小事儿，父亲就给了弟弟一巴掌。张爱玲当时震惊了，用碗挡住脸，泪如雨下。继母莫名其妙地看了张爱玲一眼：“咦，你哭什么？又不是说你！你瞧，他没哭，你倒哭了！”张爱玲丢下碗冲到隔壁的浴室里去，无声地抽噎：“我要报仇。有一天我一定要报仇。”而弟弟，已经在外面玩皮球了，她看见，心都碎了……

张爱玲，没有再流下眼泪，只觉得真的很悲哀。一阵寒流，直往身上窜。

母亲的穿着，母亲的谈吐，母亲的举手投足，像一个谜一样吸引着此时的张爱玲。

我要走出去，跟母亲一样！

一个春日的午后，父亲和继母又在床榻上“吞云吐雾”，一种浓郁的腐朽气息，在雕窗上空袅袅飘来。留声机里面放着“金嗓子”周璇的《天涯歌女》，哀伤的调子有着彻骨的寒。

张爱玲终于鼓足勇气，小心翼翼地对父亲说：“爸，我想跟你说件事情。这件事，我已经想了很久了。不管你是不是同意，我已经下定决心了。我想去留学……”

张爱玲终于一口气说完了，等待的只是结果。

父亲的脸变成了青灰色。沉默了很久，他猛地，从床榻上跳了起来，把烟枪狠狠地拍在地上，如凶狼一般指着张爱玲的鼻子吼道："好啊！这些年来，我供你吃，供你穿，又供你读书。你现在翅膀硬了，想飞走了！你一定是受了别人的调唆，你说，你说，是不是？"

继母则是一副惋惜的神情，好像是好端端的姑娘要跳进火坑。"你母亲离了婚还要干涉你们家的事。既然放不下这里，为什么不回来？可惜迟了一步，回来只好做姨太太喽！"

张爱玲的父亲根本不了解自己的女儿，他把这一切的错误都归咎于黄逸梵。张廷重特别讨厌女人出国读书。面对黄逸梵，他是有感情的。总觉得是出国毁了他们的婚姻。妹妹也是因为出国和自己分了家。他说什么也不会让女儿再走上这条"不归路"了。

之后不久，"八一三事变"爆发了，人心惶惶。张爱玲征得父亲同意后，去母亲那里住了两个礼拜。

回家那天，她怕继母找茬，蹑手蹑脚，去了黑沉沉的屋子。在客厅外面，听到了洗牌的声音。张爱玲窃喜，赶紧趁机回到自己的房间。谁知道，一抬头，继母像鬼一般站在面前，拉着脸："你怎么走了也不在我跟前说一声？"

张爱玲回答，已经对父亲说过了。

继母一下子来了脾气："噢，对父亲说了！你眼里哪

还有我这个做娘的！我今天要让你尝尝我的厉害。”说罢，狠狠地给了张爱玲一巴掌。

张爱玲自然不爽，顺手要还，可是被两个老妈子拦住了。继母倒是恶人先告状：“她打我！她打我！”

张爱玲沉默了，但她已经隐隐感觉到，暴风雨即将来临。

父亲像是一头发怒的狮子，一把揪住张爱玲的头发，拳脚相加，吼道：“你还打人！你打人我就打你！真是无法无天了！我今天非打死你不可！”

张廷重正好没地儿撒气。

张爱玲的头被打到这边，又被打到那边。无数次循环，耳朵聋了。其他人说什么都插不上手，费了九牛二虎之力，终于把二人拉开了。虽然被打得神志不清，但是张爱玲感觉到，亲情这个东西正在一步步远离自己。

真是，还有什么比亲人之间的伤，更让人伤心呢。

张爱玲要走，要逃。却被佣人拦住了：“门锁着呢，钥匙在老爷那儿。”

张廷重听说自己的女儿要报警，随手把一只青瓷大花瓶朝张爱玲头上砸去。父亲走后，何干（张家的家仆）进来：“你怎么会弄到这样的呢？”

第二天，姑姑听说此事后，前来说情，姑姑也被打伤，送进医院。

在这个死墓一样的屋子，张爱玲被关了半年。一个年仅17岁的女孩啊。

短短几个星期，她似乎经历了人世间的千磨万难。她说："等我放出来的时候已经不是我了。"她希望这个家马上灭亡。

张爱玲一直在那里为逃走做准备。每天清晨起来之后，就锻炼身体。真是祸不单行，自己又得了痢疾，父亲不请医生，难受得快要死掉。即便这样，她还是为出逃做着准备。

何干见张爱玲的病一天天加重，躲过继母，告诉了张爱玲的父亲。为了自己的名声，张廷重选择了药剂，趁继母不注意的时候，给女儿注射。几天后，张爱玲病情好转，在何干的细心照顾下，她终于恢复了健康。

真是天无绝人之路！隆冬的一个晚上，张爱玲伏在窗子上用望远镜看清楚了路上没人，就挨着墙一步步溜到门口，将望远镜扔到牛奶箱里，闪了。张爱玲终于重获新生了。

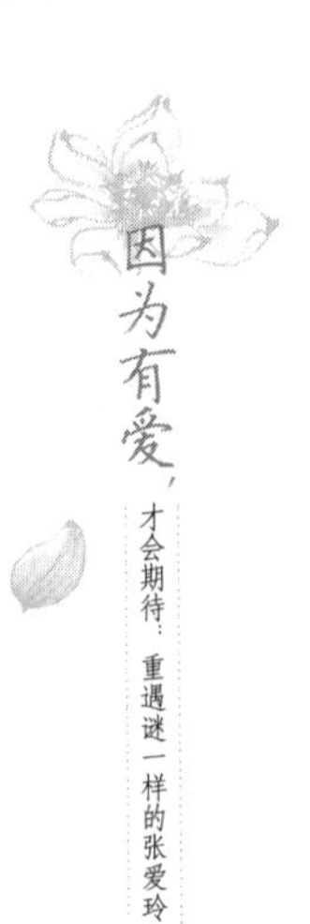

后语——不幸的她

秋天的晴空，展开一片清艳的蓝色，清净了云翳，在长天的尽处，绵延着无边的碧水。那起伏的海潮，好像美人的柔胸在蓝网中呼吸一般，摩荡出洪大而温柔的波声。几只洁白的海鸥，活泼地在水面上飞翔。在这壮丽的风景中，有一只小船慢慢地棹桨而来：船中坐着两个活泼的女孩子，她们才十岁光景，袒着胸，穿着紧紧的小游泳衣服，赤着四条粉腿，又常放在船沿上，让浪花来吻她们的脚。像这样大胆的举动，她俩一点也不怕，只紧紧地抱着、偎着、谈笑着、游戏着，她俩的眼珠中流露出生命的天真的诚挚的爱的光来。

她俩就住在海滨，是M小学的一对亲密的同学。这两朵含苞的花是差不多浸在蔚蓝的水中生长的。今天，恐怕是个假期，所以划到海心游乐的吧！

“雍姊！你快看这丝海草，不是像你那管草哨子一样吗？拾它起来，我吹给你听！”她一面说，一面弯转了腰，伏在船沿上去把手探到水里。

雍姊忙着挡她，“仔细点！跌下去不是玩的。你不看见浪很大吗？”她不言语了，只紧靠在雍姊的怀里，显出依傍的神气。

夜幕渐渐罩下来，那一抹奇妙的红霞，照耀得海上金波似的。在那照彻海底的光明中，她俩唱着柔美的歌儿，慢慢地摇回家去。

暮色渐渐黯淡了，渐渐消失了她俩的影子。

五年之后，雍的爱友的父亲死了，她母亲带她到上海去依靠她的姨母，她俩就在热烈的依恋中流泪离别了。

在繁华的生活中又过了几年，她渐渐地大了，像一朵盛开的玫瑰一样。她在高中毕了业，过着奢华的生活。城市的繁荣，使她脑中的雍姊，和海中的游泳，渐渐地模糊了。

她21岁时，她母亲已经衰老，忽然昏悖地将她许聘给一个纨绔子弟！她烧起愤怒烦恨的心曲，毅然地拒绝她，并且怒气冲冲地数说了她一顿，把母亲气得晕了过去。她是一个孤傲自由的人，所以她要求自立，打破腐败的积习。她要维持一生的快乐，只能咬紧了牙齿，忍住了泪痕，悄悄地离开了她的母亲。

漂泊了几年，由故友口中知道母亲死了。在彷徨中，忽然接到了童时伴侣雍姊的消息，惹她流了许多感激、伤心、欣喜的眼泪。雍姊师范学校毕业后，在商界服务了几年，便和一个旧友结了婚，现在已有了一个美丽活泼的女孩，正和她十年前一样，在海滨度着快乐的生活。

几度通信后，雍姊明了了她的环境，便邀她来暂住。她想了一下，就写信答允了。

她急急地乘船回来，见着了儿时的故乡，天光海色，心里蕴蓄已久的悲愁喜乐，都涌上来。一阵辛酸，溶化在热泪里，流了出来。和雍姊别久了，初见时竟不知是悲是喜。雍姊倒依然是那种镇静柔和的态度，只略憔悴些。

“你真瘦了！”这是雍姊的低语。

她心里突突地跳着，瞧见雍姊的丈夫和女儿的和蔼的招待，总觉怔怔忡忡的难过。

一星期过去，她忽然秘密地走了。留着了个纸条给雍姊，写着：

> 我不忍看了你的快乐，更形成我的凄清！
>
> 别了！人生聚散，本是常事，无论怎样，我们总有藏着泪珠撒手的一日！

她坐在船头上望着那蓝天和碧海，呆呆地出神。

波涛中映出她的破碎的身影——啊！清瘦的——她长吁了一声！“一切和十年前一样——人却两样的！雍姊，她是依旧！我呢？怎么改得这样快！——只有我不幸！”

暮色渐浓了，新月微微地升在空中。她只是细细地在脑中寻绎她童年的快乐，她耳边仿佛还缭绕着那从前的歌声呢！

第二章 天才尘梦

导言——天才梦

我是一个古怪的女孩，从小被视为天才，除了发展我的天才外别无生存的目标。然而，当童年的狂想逐渐褪色的时候，我发现我除了天才的梦之外一无所有——所有的只是天才的乖僻缺点。世人原谅瓦格涅的疏狂，可是他们不会原谅我。

加上一点美国式的宣传，也许我会被誉为神童。我三岁时能背诵唐诗。我还记得摇摇摆摆地立在一个清朝遗老的藤椅前朗吟“商女不知亡国恨，隔江犹唱后庭花”，眼看着他的泪珠滚下来。七岁时我写了第一部小说，一个家庭悲剧。遇到笔画复杂的字，我常常跑去问厨子怎样写。第二部小说是关于一个失恋自杀的女郎。我母亲批评说：如果她要自杀，她决不会从上海乘火车到西湖去自溺。可是我因为西湖诗意的背景，终于固执地保存了这一点。

我仅有的课外读物是《西游记》与少量的童话，但我的思想并不为它们所束缚。八岁那年，我尝试过一篇类似乌托邦的小说，题名《快乐村》。快乐村人是一好战的高原民族，因克服苗人有功，蒙中国皇帝特许，免征赋税，并予自治权。所以快乐村是一个与外界隔绝的大家庭，自耕自织，保存着部落时代的活泼文化。

我特地将半打练习簿缝在一起，预期一本洋洋大作，然而不久我就对这伟大的题材失去了兴趣。现在我仍旧保存着我所绘的插画多帧，介绍这种理想社会的服务、建筑、室内装修，包括图书馆、“演武厅”、巧克力店、屋顶花园。公共餐室是荷花池里一座凉亭。我不记得那里有没有电影院与社会主义——虽然缺少这两样文明产物，他们似乎也过得很好。

九岁时，我踌躇着不知道应当选择音乐或美术做我终生的事业。看了一张描写穷困的画家的影片后，我哭了一场，决定做一个钢琴家，在富丽堂皇的音乐厅里演奏。对于色彩、音符、字眼，我极为敏感。当我弹奏钢琴时，我想象那八个音符有不同的个性，穿戴了鲜艳的衣帽携手舞蹈。我学写文章，爱用色彩浓厚、音韵铿锵的字眼，如“珠灰”“黄昏”“婉妙”“splendour”（辉煌，壮丽），“melancholy”（忧郁），因此常犯了堆砌的毛病。直到现在，我仍然爱看《聊斋志异》与俗气的巴黎时装报告，便是为了这种有吸引力的字眼。

在学校里我得到自由发展。我的自信心日益坚强，直到我16岁时，我母亲从法国回来，将她睽违多年的女儿研究了一下。

“我懊悔从前小心看护你的伤寒症，”她告诉我，“我宁愿看你死，不愿看你活着使你自己处处受痛苦。”我发现我不会削苹果，经过艰苦的努力我才学会补袜子。我怕上理发店，怕见客，怕给裁缝试衣裳。许多人尝试过教我织绒线，可是没有一个成功。在一间房里住了两年，问我电铃在哪儿我还茫然。我天天乘黄包车上医院去打针，接连三个月，仍然不认识那条路。总而言之，在现实的社会里，我等于一个废物。

我母亲给我两年的时间学习适应环境。她教我煮饭；用肥皂粉洗衣；练习行路的姿势；看人的眼色；点灯后记得拉上窗帘；照镜子研究面部神态；如果没有幽默天才，千万别说笑话。

在待人接物的常识方面，我显露惊人的愚笨。我的两年计划是一个失败的试验。除了使我的思想失去均衡外，我母亲的沉痛警告没有给我任何的影响。

生活的艺术，有一部分我不是不能领略。我懂得怎么看《七月巧云》，听苏格兰兵吹bagpipe（风笛），享受微风中的藤椅，吃盐水花生，欣赏雨夜的霓虹灯，从双层公共汽车上伸出手摘树顶的绿叶。在没有人与人交接的场合，我充满了生命的欢悦。可是我一天不能克服这种咬啮性的小烦恼，生命是一袭华美的袍，爬满了蚤子。

港 大

【**爱玲说**】成名要趁早。

腹有诗书的女子，并非一开始就得到上天的无限眷顾，仿佛这世界的恩宠独有一身。实际上并非如此。尽管张爱玲在很多人眼里被奉为天才，连她自己也觉得。其实，只不过是上天让这女子过多地知道，并且感受人情冷暖、世态炎凉、亲情冷漠……

离开父亲的张爱玲，逃到了母亲那里，母亲给了她两条路让她选择："要么嫁人，用钱打扮自己；要么用钱来读书。"为了自己的未来，张爱玲毅然选择了后者。然而，母亲的经济状况一直不好，而母女间的矛盾也在一天天地，以一种不易察觉的形式在慢慢地激化。张爱玲说："这时候，母亲的家亦不复是柔和的了。"

在跟随母亲期间，张爱玲同样被视为天才，并且通过了伦敦大学的入学试。然而，天才的命运总是这样坎坷：1939年的夏天，迫于战乱，张爱玲不得不离开上海这个

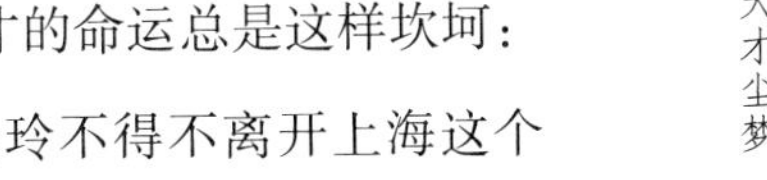

再熟悉不过的地方，并放弃远赴伦敦的机会，而选择了香港大学。

初来香港，张爱玲先是一惊，看到香港的海，浓烈而阴郁，并不像其他地方的大海那样蔚蓝。这不禁勾起爱画画的张爱玲内心波澜壮阔和歇斯底里的联想——多像明信片上一抹色的死蓝色的海。

这对于年轻的张爱玲来说，其实是一种心情的写照。毕竟，入香港大学学习并非她的理想。美丽的英格兰之梦才是她所向往的，红色的小房子，饱满的诗情画意，下点儿小雨，让人有迷离的感觉。

虽然英格兰梦就这样破灭了，但值得欣喜的是，总算离开了上海这个让张爱玲伤心的地方。希望，就在不远处……

对于一个从小在上海待惯了的女子，这是第一次出远门，母亲和姑姑便托了在英国认识的老朋友——李开弟先生（爱慕张爱玲的姑姑，后来成为张爱玲的姑父）做张爱玲的监护人。

那是一个战乱的年代，能够来香港大学求学的人大多家境算是特别好的。其中不乏东南亚各国有钱华侨的子女，也有本地以及上海的一些学生，家里也都是富裕的。但张爱玲例外，也是没有办法跟他们比的。这怕就是一些出奇的人才，总是在逆境中一直成长，一直成长。爱玲，已经慢慢青年了，可是生活的寒酸在日复一日当中已经让爱玲对金钱产生了极大的兴趣了。

然而，所谓穷人的孩子早懂事儿。张爱玲暗自下定决心，一定要用优异的成绩来换取相应的奖学金，这样的话，最直接的益处，便是可以节省妈妈的开支。

当然，另外还有一个重要的原因，那就是张爱玲对自己的英格兰梦始终未曾破灭，学校承诺成绩优秀的学生，毕业后可以送到英格兰去留学。张爱玲殷切地希望能获得这个机会。这样，梦不残！

而在此刻，外面的世界已经在发生翻天覆地的变化。中国政局的变化，正在一步步逼近香港。但在此时，香港还是已经支离破碎的中国文学的洞天福地。

1939年3月26日，“中华全国文艺界抗战协会”在香港成立，由许地山担任主持工作。当时，许地山也是香港大学的教授。

“七七事变”之后，很多内地的知名作家夏衍、茅盾、萧红、于伶、骆宾基、戴望舒、郭沫若等都活跃在香港，或办报纸，或从事独立创作。总之，香港这个时候的文学是空前的繁荣，成为中国抗战前期主要的文化中心之一。在香港，随处可见大量文艺刊物：《文艺阵地》《立报·音林》《星岛日报·星座》《华商报·灯塔》《大公报·文艺》《时代批评》《大风》《时代文学》等。

有时候，我们生活在同一座城市，但是宿命总不会让我们过早地相遇，只为了那轻轻一句：“噢，你也在这

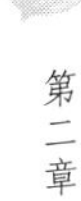

里。”貌似波澜不惊，实则千山万水。

这时，在张爱玲生命中最重要的男子胡兰成也出现在香港，以“流沙”的笔名在大名鼎鼎的《南华日报》担任主笔。然而，那时候，这小女子与这大丈夫并不认识。

张爱玲始终是专一的女子，或者也叫单一的女子吧。那段时间，张爱玲“两耳不闻窗外事”，为了实现自己小小的理想，她沉浸在“象牙塔”里，芬芳、美艳。只有她懂得。教西方文学的是位先生，具有很浓的绅士气味。他偏好莎士比亚。一般讲着，便会顺手掏出雪茄来点燃，当烟圈袅袅上升的时候，他的感觉也来了。沉浸在自己的精神世界里，似乎真的很投入。教古典文学的是一位长须飘然的老先生，长袍是他的钟爱，颇有仙风道骨的味道。张爱玲很喜欢他念楚辞，“路漫漫其修远兮，吾将上下而求索”。而当他念唐诗宋词的时候，也是长安风情，汴梁遗韵……

张爱玲已经完全沉浸在学习当中了，自然对很多老师比较痴迷。这里面有位名叫弗朗士的历史教授。他有孩子似的红肉脸，瓷蓝眼睛，伸出来的圆下巴，头发已经稀了，脖子上一块黯败的蓝绸作为领带。上课的时候他抽烟倒像是安了个偌大的烟囱，一团黑柱，青烟直冒。即便说话，嘴唇上也永远叼着一根似有若无的香烟，翘板似的一上一下，仿佛有着高明的技术，虽然险峻，却怎么也不会落下来。烟蒂子，往外一甩，一不小心掉到女同学的蓬松的卷发上，像是“森林”快要着火。不过，幸好每次都是有惊无险。

张爱玲最喜欢去的地方是图书馆，仿佛那里总有讲不完的故事，说不尽的人间冷暖。她如一个欣喜的孩子，发现了新大陆，扑向广阔的海洋。那乌长台，那沉得说不上来的书架子，那些精装的厚厚书籍，摸在手里有彻骨的寒。几间旧书库里显然是很久没有人来过了，一吹，灰烟四起。那些象牙签，锦套子里装着规整的清代礼服五色版图，大臣们的奏章……她甚至还找出了马卡德耐爵士出使中国谒见乾隆的相关记载。

她是惊！是喜！她爱旧书库里那阴冷的空气。她爱这些经年不见光日的，而略微有些霉味的书，轻轻翻动，当真是握住了古人那瘦骨嶙峋的手臂，触摸到了古中国一脉滚滚流动的血源……

那时，张爱玲似乎隐隐感觉到了，没有什么可以陪自己很久，要么是生离，要么是死别，唯有这些古老的文化在她弱小的血管里汩汩前行……仿佛，已经注定！一生一世！

张爱玲的同学来自世界各地。张爱玲自己虽然不善言辞，但是她发自内心地喜欢听同学们讲各自的故事和观点，说着各自的方言，跳家乡的舞蹈。小小寝室，充满欢乐。

当然在这里，张爱玲也认识了自己最好的朋友——炎樱。她有意思极了。

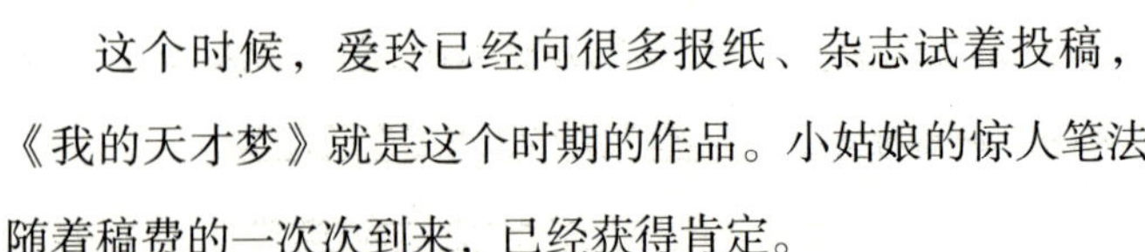

这个时候，爱玲已经向很多报纸、杂志试着投稿，《我的天才梦》就是这个时期的作品。小姑娘的惊人笔法随着稿费的一次次到来，已经获得肯定。

天才，就是天才——天那边才刚刚亮，惊艳已经涂满云霞。

港 战

【爱玲说】真奇怪，一件最自然、最基本的功能，突然得到过分的注意，在情感的强烈照射下，竟变成下流的、反常的。

有人说，面对战争可以让全部物质与琐碎追求渺小下来。对于女子来说，我们在极力撇开与战争的任何关系，然而，身于尘世，好像真的很难……

年轻的张爱玲一直在极力履行自己的求学梦，两耳不闻窗外事的心性，似乎在有所指向的成就某些东西。

每天除了文字，就是画画，仿佛这女子就是为这而生的。此外，与自己的好友——炎樱插科打趣，那该是最快乐、最希望的时间。

然而，战争是不具备任何同情心的。1942年的腊月，惨无人道的日本帝国主义还是将铁爪赤裸裸地伸向了中国的香港这美丽的地方。张爱玲那种埋首苦读的生活常态，自然也被这场战争无情地粉碎。

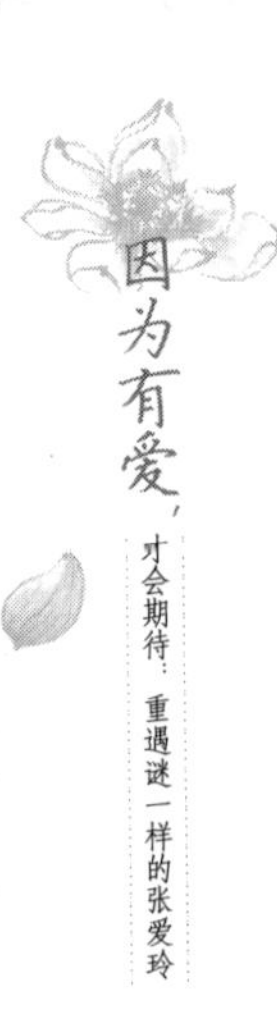

然而，学生终归还是逃不了学生的原本心思。战争来了，我们可以不用上课，不用作业，不用挨老师的训了。于是，战争刚来，孩子们还觉得庆幸。因为12月8日正是大考的第一天，考试对于学生来说多少有点排斥。能够免考，那是千载难逢的喜事，就像是美丽的流星雨，几十年才会一见的绚丽场面。

当然对于真正的战争，每个人都还是抱着不同的态度。张爱玲宿舍里的一位女同学，面对战争拉起的警报，像是热锅上的蚂蚁，焦虑而着急，谁都不知道她在想什么？

怎么办呢？没有适当的衣服穿！天哪！这位可爱的女同学，在残酷的战争面前还是不忘对衣服的热忱。叫人情何以堪呢？

毋庸置疑的是，这女子毕竟是有钱人家的小姐，对于社交是相当计较的。在不同的场合，她总是要找出相匹配的服装，优雅、性感、可爱……她总是想方设法，让自己的外表华丽。之后，她终于如愿以偿借到了一件宽大的黑色棉袍，这对于像苍蝇一样在头上飞舞的军机，大约是没有任何吸引力的。

女孩子们真是有趣极了。有位叫苏雷迦的女孩，来自马来半岛一个偏僻小镇。瘦小、略黑，有着睡意沉沉的眼睛，白牙微微外露。张爱玲觉得她“天真得可耻”。真是一个笑料百出的女孩。

苏雷迦曾经为这个问题困惑了好久：她选了医科，当然是要有解剖的，可是解剖的人体穿不穿衣服？

她，对于衣服也是情有独钟的。

一个炸弹掉在了宿舍隔壁，宿舍管理员不得不督促学生们到山下避避。在急难当中，她并不能忘掉自己的衣服，虽然很多人苦口婆心地劝阻："保命要紧！"可她还是不管不顾烽火连天，硬是将自己的箱子搬到了山下。

那时，她参与防御工作，在红十字会充当临时看护，穿着赤铜底绿的寿字织锦缎棉袍，蹲在地上劈柴生火。

虽可惜，但也值了。当然，那一身装扮给了她空前的自信心，不然，她不会同那些男护士混得如此风生水起。同他们一起吃苦、开玩笑、担风险，渐渐习惯，话多了，人也干练了。

战争对于她，显然是难得的教育。可是，生死关头，衣服重要！可见，女人之于衣服，有着天生的嗜好。

人们对于战争或多或少都有自己的情绪，张爱玲做了一个很好的比喻："是像一个人坐在硬板凳上打瞌睡，虽然不舒服，而且没结没完地抱怨着，到底还是睡着了。"

是的，几十个青年死里逃生，聚在一起，有着往常的生气：有吃的，有住的，没有外界的娱乐分心。没有教授，可是有《诗经》、《论语》、诸子百家、莎士比亚等，这些大师的精髓等着他们去挖掘。

在这样的环境下，就像是刚解剖了一具死尸，让你吃

嫩肉的感觉一模一样。

对于他们来说，这只是一个沉闷的过渡期。

在炮火连天的日子里，港大停止办公，学生被迫离开宿舍，不得不参加守城工作来解决膳宿问题。张爱玲去防空总部报了名。然而对于她来说，并不懂得什么叫“防空员”，更不知道具体要做些什么。加入防空工作后，张爱玲在冯平山图书馆住下了，在这里她找到了一部《醒世姻缘》，马上得其所哉，一连几天看得不亦乐乎。

看完《醒世姻缘》，张爱玲又读了《官场现形记》。或许，“谴责小说”的魅力正是让人觉得欢乐有趣，可是，里面仍有读不尽的辛酸。张爱玲被中国古代文学所倾倒。她一边愉悦地翻着，一边又担心，炸弹来了，能不能读完。好生矛盾的心理呢！

字印得相当小，灯光又是昏暗的，但张爱玲又想，要是真的炸弹来了，还要眼睛作甚？正所谓：“皮之不存，毛将焉附？”或许只有在生死面前，人们才会表现出赤裸裸的最本质的东西——“饮食男女”。

很久以前，孔爷爷就说：“食色，性也。”虽然人类文明的教化，是为了跳出远古时期兽性的圈子。可是，一旦遇到生死问题，人的精神会失去，文明也会失去，空虚，无助！

休战后，张爱玲又在“大学堂临时医院”做了看护，每天看着许多生命离去，并不觉得害怕和伤感。也许是在这样的环境下待得太久的缘故吧！即便如此，张爱玲也没有忘记看书，只要有空她便躲在屏风后读。

然而，这时香港大学的某些学生已经停止了精神追求，每天烧饭、做菜、调情。当然不是幸福的那种，是带着隐隐的伤痛……于此，在各大报纸上纷纷刊登人们结婚的消息。仿佛在惶恐与绝望当中，唯有这点东西值得追求。

张爱玲曾这样写道："一般的学生，对于人们的真性情鲜素认识，一旦有机会刮掉一点浮皮，看见底下的畏惧、怕痒，可怜可笑的男人或女人，多半会爱上他们最初的发现。"

张爱玲觉得他们结婚过早的悲剧就在于"过早地限制自己的活动范围"。这对于朝气蓬勃的年轻人来说，显然是无益的。可是，这是战争。要是一颗子弹真的来了，我们还没结婚，那将是多么遗憾啊！

张爱玲清楚地记得，在"围城期间"，一对男女去她们办公室向防空处长借车，目的就是要去领结婚证。男的是名医生，从他外表看来，他并非在平日里擅长"眉来眼去"。可此时，他看着自己的新娘子，眼睛里满含说不出来的深情，仿佛要将整个世界吞没。新娘是做看护的，个头比较小，红色颧骨，喜气洋洋，弄了好半天，弄不到红色的礼服，只好穿上一件淡绿色的袍子。他们来了好几次，总是等上好几个小时，互相深情对视，提心吊胆，朝

不保夕，内心苍凉愉悦……

孩子们，被这无端的场景逗笑了。孩子真是天真，成年男女也悲凉。除了情，就是吃！

张爱玲说："真奇怪，一件最自然、最基本的功能，突然得到过分的注意，在情感的强烈照射下，竟变成下流的、反常的。"

张爱玲和自己的好朋友炎樱也被这样的饮食气氛强烈感染。香港沦陷以后，她们曾经穿过大街小巷，在找自己爱吃的冰激凌。

在沦陷期间，香港随处可见一个个衣冠楚楚的洋行职员模样的人在小风里炸着一个硬板一样的小黄饼，渐渐又开始试验小面包、三角饼等。所有的伙计、学校教员全都改行做了饼师。人们对于旁边的死尸视若无睹，在满足地吃着自己的萝卜饼。

看吧，真正的人性呢？没有一点点同情心。也许是，司空见惯，自身都难保了，还顾得了那么多吗？香港人从来没有这般嘴馋过。那些上空飘来的雨点儿，是这里的人们流的口水吗？今朝有酒今朝醉，明天真的还不知道如何呢？

张爱玲，见到了人性；张爱玲，看到了荒凉；张爱玲，感到了冷血。但别无选择，她只能一直在画。画尽了人性，刻尽了绝望，说完了讽刺。战争，赋予人们的只有这些了……

乡 愁

【爱玲说】都说乡愁是永远的奏鸣曲，而我的乡愁，总在那数不尽的上海，那里的风月，那里的落叶，那里的鸟叫，那里的靡靡之音，于是，我流下一抹眼泪，澄澄……

上海，对于张爱玲来说就像是鱼和水的关系。水离开了鱼，尚且苟存，只是年少的脸庞挂满沧桑的悲伤；鱼离开了水，很快死亡，奄奄一息，哪怕是相濡以沫也可以。

张爱玲原本以为自己会走得很远，永远离开上海这个有着太多悲怆的地方，这里有自己显赫的家世，这里有前清遗老遗少的苟存，这里有自己不幸的童年，这里有父母离别的决绝，这里有母亲，家人永远的痛。

张爱玲，上完圣玛利亚中学认为自己终于可以摆脱这残酷的地方了。可是，乡愁永远是诉说不尽的故事。

1942年初，张爱玲与好友炎樱终于搭上了回上海的轮船。香港的海还是初来时那阴郁的蓝。令人气愤的是，该

死的战争无情地摧毁了香港大学学生们的成绩单，当然，也摧毁了张爱玲美丽的英格兰之梦。只能道一声，香港，再见！英格兰之梦，再见！

船，缓缓地驶过香港的浅水湾。但年轻的张爱玲当时并不知道，浅水湾海边的坟地，刚刚添了一座新坟——一位也是天才女作家，年仅31岁的萧红长眠于此。真是，落红萧萧几人知呐？

萧红（1911—1942）的一生也是充满了传奇。她有着与女词人李清照那样的生活经历，并一直处在极端苦难与坎坷之中，可谓不幸中的更不幸者。她出生在黑龙江呼兰县一个封建地主的家庭，然而她却以柔弱多病的身躯面对整个世俗。萧红的一生是不向命运低头，在苦难中挣扎、抗争的一生。

就是这样一位传奇女性，于1942年1月22日悄悄地离开了人世。然而，萧红内心里面的悲伤与苍凉唯有纸笔余行：“我将于蓝天碧水永处，留得那半部‘红楼’给别人写了。半生遭尽白脸冷遇……身先死，不甘，不甘。”

多么让人心酸！怕是只有同是天涯的人才会明白。是啊！从遥远的黑龙江呼兰县到青岛，从上海到东京再辗转香港。从《王阿嫂的死》到《生死场》，从《呼兰河传》到《小城三月》。从与作家萧军的一见钟情，到最后的黯然分手。萧红的一生真是辗转流离，历尽磨难。

短促的一生，萧红多么渴望能够照彻生命的旭阳，然而，却屡遭风雨凄苦。企图飞过宿命的苑囿，却过早夭折。正所谓："自古才女多磨难，一代情事痴后人。"

萧红的人生何尝不与张爱玲的人生有那么一点相似呢？然而，那时候的张爱玲，毕竟是未经世事的少女，回到上海之后，知道这个消息，并没有多少感同身受，只是"心有戚戚"罢了。毕竟，未来谁也无法预测……

船继续向前缓缓行驶。和比较外向的炎樱在一起，张爱玲倒是没有离开上海时的伤感。尽管即将回到的这个地方有着自己不愉快的童年，但"美不美家乡水，亲不亲故乡人"。

船身摇摇晃晃，张爱玲像是坐在了火车里，她感觉到了"逝者如斯夫，不舍昼夜"。她在后来的文章中写道："时代的车轰轰地往前开。我们坐在车上，经过的也许不过是几条熟悉的街衢，可是在漫天的光火中也有惊心动魄。就可惜我们只顾忙着在一瞥即逝的店铺的橱窗里寻找我们的影子——我们只看见自己的脸，苍白、渺小；我们的自私与空虚，我们恬不知耻的愚蠢——谁都像我们一样，然而，我们每个人都是孤独的。"

于此，人们好像没法选择。张爱玲，不知道自己会遇到谁，接下来的命运将何去何从？

1942年的春天，张爱玲已经回到了上海。对上海，张爱玲还是比较喜欢的，她认为："上海人是传统的中国人加上近代高压生活的磨炼。新旧文化种种畸形产物的交流，结果

也许是不甚健康的，但是这里有一种奇异的智慧。”

母亲再次出国，父亲的家也是早就断了往来。张爱玲便住到了赫德路的爱丁顿公寓，这里是姑姑租来的公寓。张爱玲把姑姑的家，就当作自己的家。张爱玲说：“乱世的人，得过且过，没有真正的家，然而我对于姑姑的家却有一种天长地久的感觉。”

姑姑与张爱玲的母亲相似，是一个独立的新女性。与哥哥分家以后，在外面独自工作，独自住房。房子很大，有一间客厅，客厅里面有壁炉。姑姑还自己设计了家具和地毯。

回到上海后，好朋友炎樱进了上海的英国学校，担任学生长，除了品学兼优以外，再就是人缘好，能服众。

张爱玲则参加了圣约翰大学的考试，结果却是中文不及格，要求进入到国文补习班，真是令人匪夷所思呢。这么一个国文天才，竟然国文不及格？同时由于经济所迫，张爱玲只能辍学，走上了卖文为生的道路。这也是她后半生赖以为生的职业。好像上天就是如此注定的，她终究还是要以文学来发光的。

张爱玲最初投的是英文稿，她把稿件投向了《二十世纪》。这是一份综合性的刊物：时事报道、小品、风光旅游、书评影评等，受众主要是在亚洲的西方人。主编是一位德国人，叫克劳斯·梅特涅。曾获柏林大学博士学位，在莫斯科做过驻苏记者，是个中国通。

张爱玲在这家刊物上发表的第一篇文章是《中国人的生活和时装》，此文长八页，近万字。另附有12幅自己画的插图。

张爱玲虽然没有留洋，但是文字流畅雅丽，略带一点维多利亚末期的文风，因此主编称赞她“如此有前途的青年天才”。

正所谓“趁热打铁”。紧接着，爱玲一鼓作气，发表了九篇文章，六篇为影评。张爱玲的这些作品可以作为那个时期电影研究的重要参考。

张爱玲的文字初获成功，主编有言：“张爱玲与她不少中国同胞的差异之处，在于她从不将中国的事物视为理所当然；正由于她对自己的民族有深邃的好奇，使她有能力向外国人诠释中国人。”

张爱玲之后又翻译了很多英文为国文，后来都收集到自己的散文集《流言》当中。

良好的开端，总是给人无穷的信心。此时的爱玲，像所有有梦的年轻人一样，浑身充满了力量。她没想到更大的成功就在不远处，一颗新星将要大放光芒于上海文坛。

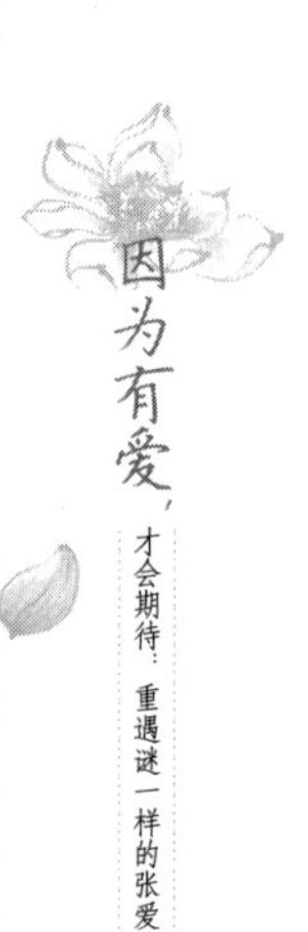

声名鹊起

【爱玲说】从前的文人是靠着统治阶级吃饭的，现在情形略有不同，我很高兴我的衣食父母不是“帝王家”而是买杂志的大众。不是拍大众的马屁的话——大众实在是最可爱的雇主，不那么反复无常，“天威莫测”不搭架子，真心待人，为了你的一点好处记得你到五年十年之久。而且大众是抽象的。如果必须要一个主人的话，当然情愿要一个抽象的。

张爱玲很早就说过：“用别人的钱，即使是父母的遗产，也不如用自己赚来的钱自由自在，良心上非常痛快。可是用丈夫的钱，如果爱他的话，那却是一种快乐，愿意想自己是吃他的饭，穿他的衣服。那是女人的传统权利，即使女人现在有了职业，还是舍不得放弃的。”于是，在还不是完全解放的中国，张爱玲选择了自食其力，在自己喜欢并且擅长的领域赚取属于自己的钱。她相信自己一定会大放异彩。但初开始还是战战兢兢，如履薄冰。

1943年，在一个春寒料峭的下午。在上海的公共租界里，一间古色古香的书房，线装书盈架，紫檀桌椅飘香茶具，案头的宣德炉中烧着的一支紫罗兰正青烟袅袅，香气袭人。名目人一定能猜测得到，这肯定是具有品位的某位文学巨子的家室。

“父亲，下面有位张女士来访。”一位尚且幼小的小姑娘蹦蹦跳跳地上楼来，递给书房里一位中年男人挺大的一封信。只见那中年男子衣袍飘然，气度颇佳，看上去神色萧索。他就是被称为“哀情巨子”的周瘦鹃先生，著名的鸳鸯蝴蝶派代表作家。他拆开信，原来是与自己有着共同园艺之好的黄岳渊老人介绍来了一位作家——张爱玲。

张爱玲？这个女子到底是一个什么样的女子。瘦鹃还是在自己的心里打上浓重的符号……

既然是自己的知己介绍过来的，自然不能怠慢。周先生忙不迭地赶到楼下，只见客座中站起来一位穿着鹅黄缎半臂旗袍的长身玉立的小姐。张爱玲，大方地向他鞠躬。

于是，一老一少，便聊了起来，颇具相逢恨晚的意味。张爱玲告诉他，自己是以卖文为生，可现阶段卖的是“西”文，除了一篇中文《天才梦》之外，没写过其他的中文文章。最近写了两篇中文中篇小说，写的是有关香港的故事，请先生斧正下。

张爱玲作为一个初出茅庐的女子，对这位文学巨匠还

是颇感敬畏的，如果能得到他的帮助，日后自然要省事很多，正所谓站在巨人的肩膀上，成功要来得更加容易。

说着，张爱玲便把自己的薄稿递给了周瘦鹃。周瘦鹃接过稿件大概浏览一下，标题叫做《沉香屑》，第一篇标明《第一炉香》，第二篇标明《第二炉香》。

只是大致浏览，周瘦鹃便觉得意味无穷，加上知己推荐，就答应把张爱玲的稿件留下来，细细拜读。任何一件事情都是这样，能给别人留下好的第一印象，别人才会继续帮你。

谈话之余，周瘦鹃将《紫罗兰》将要复活的消息告诉了张爱玲。

《紫罗兰》是一份流行于20世纪二三十年代的都市时尚类通俗文学期刊，创刊于1925年12月，停刊于1930年6月，共出刊四卷96号。它既承续清末民初通俗文学传统的血脉，又根植于20世纪二三十年代上海上升期中的现代化土壤，出刊期间始终流行，拥有庞大的读者市场。

作为《紫罗兰》的主编，周瘦鹃对其自然是非常的爱戴。此时将这个消息告诉第一次来访的张爱玲，自然是对张爱玲产生了好感。看到一个优秀的新星作家，惺惺相惜嘛！当然，张爱玲也看出了这点，于是她也不忘投其所好。张爱玲说：“我母亲和姑姑都是十多年前《半月》《紫罗兰》《紫罗花片》的读者。当时，母亲正留法学画归来，读了您的哀情小说，落了不少眼泪，还写过信劝您不要再写了。”

果然，张爱玲说出这样的话，周瘦鹃一时兴奋了不少，只可惜他已经记不得这一回事了。毕竟是陈年旧事，加上自己当时红透上海，读者来信太多，不记得也是理所当然的。

飘着紫罗兰香气的庵里。周瘦鹃捧着这小女子的《沉香屑》读了起来，初读并不是很经意，后来越发觉得惊艳。

他惊异于张爱玲凝练的文笔，洞察人情的深刻。一边读着，一边称好，从心底发出惊叹……再加上正是《紫罗兰》复刊之时，“天降奇才”就更加惊喜了。

一周之后。张爱玲又来到周家。周瘦鹃指着爱玲的稿件连说好，问爱玲是否喜欢毛姆的作品，并且熟读《红楼梦》？爱玲微笑着，点头称是，不禁在心里赞叹这老先生眼力过人。

“你愿意把这两篇大作拿给《紫罗兰》发表吗？”周瘦鹃征求爱玲的建议，爱玲一口就答应了。

“好！待创刊号出来，我一定亲自登门。”周瘦鹃向爱玲许诺。

《紫罗兰》出版那天，因为周夫人有事儿，周瘦鹃就独自一人带了样本来到爱玲住的公寓。也是抱着无尽的期望，也是怀有无限的激动！

他们进行了长达几小时的交谈。临走的时候，张爱玲

把自己在《二十世纪》上发表的那篇《中国的生活和时装》送给周瘦鹃。

周瘦鹃下了楼，回望了一下，他觉得在这栋楼里会诞生一个不平凡的女人。果然，张爱玲在《紫罗兰》上的发表开始声名鹊起。大家都在讨论张爱玲为何人？

之后，张爱玲又趁热打铁发表了《连环套》《金锁记》《倾城之恋》《红玫瑰与白玫瑰》等小说，还有一系列精美的散文。短短两年时间，张爱玲如天女散花般把自己妙笔生花的文章，抛向各大杂志和读者当中。读者乐不思蜀，爱玲亦不亦乐乎。文字造就了爱玲，爱玲也创造了不朽的文字。一颗璀璨的星辰正在闪耀，人们惊叹着，欣赏着……

后语——论写作

在中学读书的时候，先生向我们说：“做文章，开头一定要好，起头起得好，方才能够抓住读者的注意力。结尾一定也要好，收得好，方才有回味。”我们大家点头领会。她继续说道：“中间一定也要好——”还未说出所以然来，我们早已哄堂大笑。

然而今天，当我将一篇小说写完了，抄完了，看了又看，终于摇摇头撕毁了的时候，我想到那位教师的话，不由得悲从中来。

写作果然是一件苦事么？写作不过是发表意见，说话也同样是发表意见，不见得写文章就比说话难。古时候，纸张笔墨未经发明，名贵的记录与训诲，用漆写在竹简上，手续极其累赘麻烦，人们难得有书面发表意见的机会，所以作风方面力求其简短含蓄，不许有一句废话。后来呢，有了纸，有了笔，可以一摇而就，废话就渐渐多了。到了现在，印刷业发达，写文章更成了稀松平常的事，不必郑重出之。最近纸张缺乏，上海的情形又略有变

化，执笔者不得三思而后写了。

纸的问题不过是暂时的，基本问题还是：养成写作习惯的人，往往没有话找话说，而没有写作习惯的人，有话没处说。我并不是说有许多天才默默无闻地饿死在阁楼上。比较天才更为要紧的是普通人。一般说来，活过半辈子的人，大都有一点真切的生活经验，一点独到的见解。他们从来没想到把它写下来，时过境迁，就此湮没了。也许是至理名言，也许仅仅是无足重轻的一句风趣的插诨，然而积少成多，究竟是我们文化遗产的一项损失。举个例子，我认识一位太太，是很平常的一位典型太太，她对于老年人的脱发有极其精微的观察。她说：中国老太太从前往往秃头，现在不秃了。老太爷则反是，从前不秃，现在常有秃的。外国老太太不秃而老太爷秃，为什么？研究之下，得到如此的结论：旧时代的中国女人梳着太紧的发髻，将头发痛苦地往后拉着，所以易秃。男子以前没有戴帽的习惯，现在的中国男子与西方人一般的长年离不开帽子，戴帽于头发的健康有碍，所以秃头的渐渐多了。然则外国女人也戴帽子，何以不秃呢？因为外国女人的帽子忽大忽小，忽而压在眉心，忽而钉在脑后，时时改变位置，所以不至于影响到头皮的青春活力。

诸如此类，有许多值得一记的话，若是职业文人所说，我就不敢公然剽窃了，可是像他们不靠这个吃饭的，说过就算了，我就像捡垃圾一般的捡了回来。

职业文人病在“自我表现”表现得过度，以致无病呻吟，普通人则表现得不够，闷得慌。年纪轻的时候，倒是敢说话，可是没有人理睬他。到了中年，在社会上有了地位，说出话来有相当分量，谁都乐意听他的，可是正在努力的学做人，一味的唯唯否否，出言吐语，切忌生冷，总拣那烂熟的，人云亦云。等到年纪大了，退休之后，比较不负责任，可以言论自由了，不幸老年人总是唠叨的居多，听得人不耐烦，任是入情入理的话，也当作耳边风。这是人生一大悲剧。

真是缺乏听众的人，可以去教书，在讲堂上海阔天空。由你发挥，谁打呵欠，扣谁的分数——再痛快也没有了。不得已而求其次，唯有请人吃饭，那人家就不能不委屈一点，听你大展鸿论，推断世界大战何时结束，或是追叙你当年可歌可泣的初恋。

《笑林广记》里有一个人，专好替人写扇子。这一天，看见朋友手摇白折扇，立刻夺过来要替他写。那朋友双膝跪下。他搀扶不迭道：“写一把扇子并不费事，何必行此大礼？”朋友道：“我不是求你写，我是求你别写。”

听说从前有些文人为人所忌，给他们钱叫他们别写，像我这样缺乏社会意识的，恐怕是享不到这种福了。

李笠翁在《闲情偶寄》里说“场中作文，有倒骗主司入彀之法。开卷之初，当有奇句夺目，使之一见而惊，不敢弃去，此一法也。终篇之际，当以媚语摄魂，使之执卷

流连，若难遽别，此一法也”。又要惊人、眩人，又要哄人、媚人，稳住了人，似乎是近于妾妇之道。由这一点出发，我们可以讨论讨论作者与读者的关系。

西方有这么一句成语：“诗人向他自己说话，被世人偷听了去。”诗人之写诗，纯粹出于自然，脑子里决不能有旁人的存在。可是一方面我们的学校教育却极力的警告我们，作文的时候最忌自说自话，时时刻刻都得顾及读者的反应。这样究竟较为安全，除非我们确实知道自己是例外的旷世奇才。

要迎合读者的心理，办法不外这两条：（一）说人家所要说的，（二）说人家所要听的。

说人家所要说的，是代群众诉冤出气，弄得好，不难一唱百和。可是一般舆论对于左翼文学有一点常表不满，那就是“诊脉不开方”。逼急了，开个方子，不外乎阶级斗争的大屠杀。现在的知识分子之谈意识形态，正如某一时期的士大夫谈禅一般，不一定懂，可是人人会说，说得多而且精彩。女人很少有犯这毛病的，这可以说是“男人病”的一种，我在这里不打算多说了。

退一步想，专门描写生活困难吧。固然，大家都抱怨着这日子不容易过，可是你一味地说怎么苦怎么苦，还有更苦的人说：“这算得了什么？”比较富裕的人也自感到不快，因为你堵住了他的嘴，使他无从诉苦了。

那么，说人家所要听的吧。大家愿意听些什么呢？越软性越好——换言之，越秽亵越好？这是一个很普遍的错误观念。我们拿《红楼梦》与《金瓶梅》来打比吧。抛开二者的文学价值不讲——大众的取舍并不是完全基于文学价值的——何以《红楼梦》比较通俗得多，只听见有熟读《红楼梦》的，而不大有熟读《金瓶梅》的？但看今日销路广的小说，家传户诵的也不是“香艳热情”的而是那温婉、感伤，小市民道德的爱情故事。所以秽亵不秽亵这一层倒是不成问题的。

低级趣味不得与色情趣味混作一谈，可是在广大的人群中，低级趣味的存在是不可否认的事实。文章是写给大家看的，单靠一两个知音，你看我的，我看你的，究竟不行。要争取众多的读者，就得注意到群众的兴趣范围的限制。

作者们感到曲高和寡的苦闷，有意的去迎合低级趣味。存心迎合低级趣味的人，多半是自处甚高，不把读者看在眼里，这就种下了失败的根。既不相信他们那一套，又要利用他们那一套为号召，结果是有他们的浅薄而没有他们的真挚。读者们不是傻子，很快地就觉得了。

要低级趣味，非得从里面打出来。我们不必把人我之间划上这么清楚的界限。我们自己也喜欢看张恨水的小说，也喜欢听明皇的秘史。将自己归入读者群中去，自然知道他们所要的是什么。要什么，就给他们什么，此外再多给他们一点别的——作者有什么可给的，就拿出来，用不着扭捏地说：“恐怕这不是一般人所能接受的吧？”那不过是推诿。

作者可以尽量给他所能给的，读者尽量拿他所能拿的。

像《红楼梦》，大多数人于一生之中总看过好几遍。就我自己说，八岁的时候第一次读到，只看见一点热闹，以后每隔三四年读一次，逐渐得到人物故事的轮廓、风格、笔触，每次的印象各个不同。现在再看，只看见人与人之间感应的烦恼。——个人的欣赏能力有限，而《红楼梦》永远是“要一奉十”的。

“要一奉十”不过是一种理想，一种标准。我们还是实际化一点，谈谈写小说的甘苦吧。小说，如果想引人哭，非得先把自己引哭了。若能够痛痛快快哭一场，倒又好了，无奈我所写的悲哀往往是属于“如匪浣衣”的一种（拙作《倾城之恋》的背景即是取材于《柏舟》那首诗上的：“……亦有兄弟，不可以据……忧心悄悄，愠于群小。觏闵既多，受侮不少。……日居月诸，胡迭而微？心之忧矣，如匪浣衣。静言思之，不能奋飞。”“如匪浣衣”那一个譬喻，我尤其喜欢。堆在盆边的脏衣服的气味，恐怕不是男性读者们所能领略的吧？那种杂乱不洁的，壅塞的忧伤；江南的人有一句话可以形容“心里很‘雾数’”。“雾数”二字，国语里似乎没有相等的名词）。

是个故事，就得有点戏剧性。戏剧就是冲突，就是磨难，就是麻烦。就连 P. G. Wodehouse那样的滑稽小说，也得把主人翁一步一步诱入烦恼丛中，愈陷愈深，然后再把他弄出来。快乐这东西是缺乏兴味的——尤其是他人的快乐，所以没有一出戏能够用快乐为题材。像《浮生六记》“闺房记乐”与“闲情记趣”是根本不便搬上舞台的，无怪话剧里的拍台拍凳自怨自艾的沈三白有点失了真。

写小说，是为自己制造愁烦。我写小说，每一篇总是写到某一个地方便觉得不能写下去了。尤其使我痛苦的是最近做的《年轻的时候》，刚刚吃力地越过了阻碍，正可以顺流而下，放手写去，故事已经完了。这又是不由得我自己做主的……人生恐怕就是这样吧？生命即是麻烦，怕麻烦，不如死了好。麻烦刚刚完了，人也完了。

写这篇东西的动机本是发牢骚，中间还是兢兢业业地说了些玩话。一班文人何以心甘情愿守在“文字狱”里面呢？我想归根究底还是因为文字的韵味。譬如说，我们家里有一只旧式的朱漆皮箱，在箱盖里面我发现这样的几行字，印成方块形：

高州钟同济铺在粤东省城城隍庙左便旧仓巷开张自造家用皮箱衣包帽盒发客贵客光顾请认招牌为记主固不误光绪十五年。我立在凳子上，手撑着箱子盖看了两遍，因为喜欢的缘故，把它抄了下来。还有麻油店的横额大匾“自造小磨麻油卫生麻酱白花生酱提尖锡糖批发”。虽然是近代的通俗的文字，和我们也像是隔了一层，略有点神秘。

然而我最喜欢的还是申曲里的几句套语：

五更三点望晓星，文武百官上朝廷。东华龙门文官走，西华龙门武将行。文官执笔安天下，武将上马定乾

坤……

照例这是当朝宰相或是兵部尚书所唱，接着他自思自想，提起“老夫”私生活里的种种问题。若是夫人所唱，便接着“老身”的自叙。不论是“老夫”是“老身”，是“孤王”是“哀家”，他们具有同一种的宇宙观——多么天真纯洁的，光整的社会秩序：“文官执笔安天下，武将上马定乾坤！”思之令人泪落。

第三章 倾城之恋

导言——爱

这是真的。

有个村庄的小康之家的女孩子，生得美，有许多人来做媒，但都没有说成。那年她不过十五六岁吧，是春天的晚上，她立在后门口，手扶着桃树。她记得她穿的是一件月白的衫子。对门住的年轻人同她见过面，可是从来没有打过招呼的，他走了过来，离得不远，站定了，轻轻地说了一声："噢，你也在这里吗？"她没有说什么，他也没有再说什么，站了一会，各自走开了。

就这样就完了。

后来这女子被亲眷拐了，卖到他乡外县去作妾，又几次三番地被转卖，经过无数的惊险的风波，老了的时候她还记得从前那一回事，常常说起，在那春天的晚上，在后门口的桃树下，那年轻人。

于千万人之中遇见你所要遇见的人，于千万年之中，时间的无涯的荒野里，没有早一步，也没有晚一步，刚巧赶上了，那也没有别的话可说，唯有轻轻地问一声："噢，你也在这里吗？"

白玫瑰

【爱玲说】天空爱上大地，但却离大地太远。于是，每当天空想大地的时候，就会下起倾盆大雨……

那一年，张爱玲已经凭借自己的《第一炉香》《第二炉香》名声大噪，是红遍上海滩的知名女作家。生活安稳，并且小资。在战乱的年代，谁不羡慕这般惬意的生活。百乐门的小姐们，夜夜歌舞升平，吞进的却是眼泪。谁让她出名太早，全然没有经受生活的窘迫。她每出一部小说，就让人惊奇，好像不用借助任何宣传，便可俘获读者的心。那年，她是少女，不知道爱情是什么，婚姻为何物？

那一年，三十多岁的胡兰成，正是汪伪政府下面的红人，凭借自己的才华，用字字凿凿诠释着政治的血统。每天生活在风口浪尖，似乎有着偷天的刺激，但时间一长，便也觉得了无生趣。在很多女人看来，他是英雄，因为在政治的权柄之下，没有人敢在汪伪政府旗下写文字的，他

敢。他亦爱美女，仿佛有美丽姿色的女人总也有着他说不清、道不明的眷顾，或者叫亲近。那年，他已婚娶，妻子曾是一位歌舞演员，名叫英娣，长得有说不上来的美，可是总也摆脱不了一身俗骨，谁也说不清这是为什么。对自己的丈夫胡兰成算是忠诚，但是两人之间的言语无非就是吃什么，穿什么，东家长，西家短。

原本这两位素不相识的人，是不可能走到一起的，但生活就是这样的有趣，只需要一条简单的中间连线，就能迸出一些火花。

胡兰成对张爱玲产生兴趣是无意之中的一件事情。当张爱玲的好朋友苏青给胡兰成寄了《天地》月刊后，原本没有兴趣翻阅的胡兰成，却被苏青的笔名——冯和仪吸引住了，于是便看到了张爱玲发表在这本杂志上的一篇文章——《封锁》：

> “可怜呀，可怜呀。”一位陕北地方来的讨饭吃的，端着自己的碗来回攒缩，街上行走的人们目光呆滞。“一个人啊，没有钱啊，可怜啊。没有吃的，没有衣服穿啊，可怜呀。”一个男人在公车上环视。在战乱的时候，公车就像一个小世界，人们表现出各种状态。“总之他这人，就是不会做人。说他不会做人，他对上头敷衍得还挺好的。”旁边人的言语，字字句句，好像在说

这男子。“小心，别把裤子弄脏了。现在干洗什么价钱？一条裤子什么价钱？”太太在对自己的先生说，战乱时候，金钱很重。（爱玲描写一位中老年男人）他剃着光头，黄黄皮色，满脸浮油，打着皱，整个的头像一个核桃。他的脑子就像核桃仁。甜的，滋润的。可是没有多大的意思。老头子右手坐的吴翠远，看上去像个教会派的少奶奶，但是还没有结婚。她穿一件白洋纱旗袍，拐着一道窄窄的蓝边，深蓝和白，还有点讣文的风味。她携着一把蓝白格子的小遮阳伞，头发梳成千篇一律的式样，唯恐唤起公众的注意。她实在没有过分触目的危险，她长得不难看，可是那种美，是模棱两可的，仿佛怕得罪了谁的美。脸上都是淡淡的，松弛的。没有轮廓，连她自己的母亲也形容不出她是长脸还是圆脸。她的手臂白倒是白，像挤出来的牙膏，她整个的人像挤出来的牙膏。没有款式。糟了，这女人准是以为他无缘无故换了位子，不怀好意。现在好了，还是让他表侄给看见了，少不了要一五一十地报告给他太太……

张爱玲的这篇文章描写的是寻常百姓家里的点点滴滴，这里没有英雄，没有权贵，有的都是普通老百姓的世

俗生活。这很合胡兰成的胃口，刚读了一二节，胡兰成便被这篇文章深深地吸引住了，直至细细地把它读完一遍又读一遍，但仍于心不足，遂去信问苏青，这张爱玲是何人？但没有得到自己想要的结果。

对于自己感兴趣的女子，男人总是能有办法找到她的地址。这不，胡兰成借去上海的机会，亲自到杂志社找到了苏青。读者来访，编者自然是非常高兴的。当胡兰成问起张爱玲，苏青说张爱玲不见人的。胡兰成问苏青要张爱玲的地址，虽然她迟疑了一会儿，但最终还是给了胡兰成。

男人的欲望，是被勾起来的。张爱玲的第一笔，吊足了这风月场上男子的胃口，已经让胡兰成达到了近似疯狂的境界——但凡有一句话，一件事，是关于张爱玲的，胡兰成便皆觉得是好的。现在好不容易拿到了张爱玲的地址，即使明知这位女子不见客，但还是阻挡不住胡兰成的脚步，他决定前去拜访这位奇女子。

男子在外面愁肠百转，他自通晓女人的心。虽然胡兰成果然没有得到待见，但临走之时也不忘留下一张字条：“贸然拜访，未蒙允见，亦有傻气的高兴，留沪数日，盼能一叙。胡兰成拜下。”

倾城之恋就这样开始了。

是啊！白色玫瑰一样的女子，或许没有胡兰成的主动，在世人眼里只能远观，可谁又知道他是在等一个人呢。

暗 涌

【爱玲说】我要你知道，在这个世界上总有一个人是等着你的，不管在什么时候，不管在什么地方，反正你知道，总有这么个人。

但凡每个女子遇见自己心爱的男人都会不由自主地欢喜，这种喜如坐春风，吹上去，酥酥的，麻麻的，说不上来的荷尔蒙激越。普通女子是，被奉为天才女子的也是。任凭谁都逃脱不了年少的欢愉，青春的激昂。就像是每个大时代的人们都逃脱不了的宿命一般。

这时候，刚刚二十来岁的张爱玲，觉得生活了无生趣，没有一点儿意思，除了文字能给自己带来最大的畅快，其他的好像似有若无。不经意，又无关紧要。上海的风吹得如何，只是自己在拿着一支用惯了的笔涂涂写写。仿佛是这样，就只能是这样了。

自从拿到这中年男子的字条，字字句句仿佛钻木雕刻，在自己的心房里，来又回，蜿蜒曲折，百折不挠，只

待新生。是谁让这死灰的心复燃？是谁有这般本领让她有本该的女儿心性？

战乱的天空，有着火一样的猖獗；战乱的街道，有着冰一样的死气；战乱的百乐门，靡靡之音只是《何日君再来》，唱得歌女黯然泣下，唱得听众撕心裂肺；战乱的公寓，沉闷，沉闷，说不上来的言语，仿佛所有的汉字，所有的道理都在这儿理亏词穷。

张家两代女人，在这座公寓里诉说着开始、过去、将来的故事。过去的李鸿章，晚清政坛的风云人物，“弄潮儿向潮头立，手把红旗旗不湿”。当年的显赫随着改朝换代，怕是连自己的子孙都快要忘记，只是历史没办法瞑目。张佩纶，李菊耦，《孽海花》里面的传奇人物，当年叱咤风云的才子佳人，在儿孙这里，只是变得俗气，男的配不上女的，抑或女的配不上男的，仿佛萝卜白菜一样，失去了实验室的精密与高科，只是街市里的三毛五角。现在的现在，只剩欢喜将来的，将来，有待商榷。

张爱玲缠着姑姑，非说箱子里面有一件好看的袍子，仿佛女人对于衣服总是有着先天性的喜上眉梢。姑姑拿这心爱的侄女，也是无可奈何了，只能打开箱子看看，应一应侄女的意思。姑姑好不容易找到钥匙。提出箱子，上面蒙了一些灰尘。“这儿呢。”两个女人同时弯下腰去，等待里面已有的，在她们看来却是未知的答案。

“嗨，还真有你的，就在这箱子里。”姑姑不得不佩服年轻的张爱玲的想法。拿出来，张爱玲赶紧凑上鼻子去嗅了嗅，仿佛这樟脑的味道比任何香水都香，连法国的也无法媲美。

“上回穿还是你妈回来的时候呢。真是此一时彼一时呐！那时候怎么舍得去花这个钱呢？”女人到了一定年龄便会感慨物是人非，仿佛真的就是那样。老了的就是老了，再也年轻不过来了。就算是外表十八，也克制不住内心里面的沧桑。

而这时的张爱玲还真很年轻噢。

“物尽其用，现在让我穿穿也不浪费啊。”

“噢，原来你是打我这件衣服的主意。准备穿去哪儿？”

这女人就是女人，从来不把自己的心里话说给别人听，即使是再亲不过的人儿。尤其是搞文学的女人。爱玲在自己的文章里写道：“作为一个女人，特别是一个有才气的女人，她对男人的最大愿望，是一个解风情的解字。”

正好胡兰成也说道：“与其说我爱女人，不如说我懂得女人来得更恰当。”

真是“臭味相投”。

胡兰成也像是热锅上的蚂蚁，等待上天的意旨，行或者不行。仿佛在等待命运的宣判。结果如何，全不凭靠自己。就和自己在上海的侄女一起吃饭，聊天的内容全然不

放在心上，仿佛只待那音讯一发，立即像是出鞘的刀剑。

恰恰好，电话响起，中年男音：“喂。我是。你是……你好。”声音脆哑，轻柔，仿佛就像那二月里南方的汩汩清泉，说不上来的甘甜。“方便方便，好的，好的，那就这样。”

是何等的荣耀，让这冠冕如此降临？这叫胡兰成的男子的心，是惊，是沉！坐下来又表面稳妥用餐，实则暗流涌动……

俗话说，女为悦己者容。张爱玲，将衣服穿得妥妥当当，新鞋子换上，穿上姑姑那件沉香的大长袍子，要去见他。

走在街上，坐着黄包车，一路风景好像是五月里的黄莺。“一行白鹭上青天”的缱绻，教人如何不期盼？

紧张，还是紧张。除却紧张，没有别的思念。怎会这般？自己不是一向风清月明，冷傲无双吗？

终于到了青芸的家里，这对男女终于相见。原来竟然不知道的开场白，是这样端庄地开始：“张先生，请。”

“请坐，请坐。”这样生分。张爱玲是有些不自在的紧张。侄女青芸一来，胡兰成官方似的介绍了一番。

之后，俩人慢慢聊起，聊起衣服，聊起写作……时间一晃而过。似乎总有说不完的话，可终究不知道要说什么。张爱玲起身看起墙壁上面挂着的一幅画。胡先生介绍是，“我一个朋友胡金仁画的《南京山里的秋》，去年秋天，我们经常早起散步的一条路。”

张爱玲看后，不禁言语：“这就像是鸡初啼时候的早晨，席子也嫌冷了，人从远道来的，喘息未定，山色就跟昨夜的梦一样的远。”胡兰成完全被张爱玲的描述惊呆了。

到了时间，不想回去，也该回去。

走出弄堂的路上，胡兰成一句：“你身材这样高，这怎么可以……”

男女邂逅，暗流涌动，藏在字眼里的唯有剧中人心心我我，说不出来快意，挤不出来的捅破。天要臆造，这是前曲……

只如初见

【爱玲说】人一辈子也无法心心相印，他们孤独的只剩下肉体和金钱的交换了。所以，请等待那个对你生命有特殊意义的人。

爱意正浓的时候，你的好，是好；你的坏，也是好。那时候你就是那李世民的长孙皇后，楚庄王的樊姬。仿佛一切都是美好的。

你那弯弯的柳叶眉，玲珑的身材，白皙的皮肤，我怎么舍得动？怎么舍得呢？你满腹的经纶，被奉为天才女作家，我怎么敢亵渎？用这男女之俗世来搭讪？可是，爱慕就像上了飞天的滑轮，一发不可收拾。

胡兰成这多情的青衣男子，一睁开眼，满眼都是这绝世才女的影子，她的眉，她的目，她的心，满满的，想要了解，想要拨动这年轻女子的心弦。理智在遏制自己停步，矜持！可不知道什么力量，硬活生生将自己拖进了张爱玲所住的公寓。

女儿家一旦喜欢上某一个男子，便会觉得整个世界都是甜蜜的，空气里蘸满粉红色的蜜酱，连桌子上的杯子都在跳跃，和着欢快的音符。小鹿乱撞的心情，莫名其妙地紧张、盼望、退缩！好生矛盾的心理呀！

张爱玲正在洗着自己浓密的黑色头发，镜子里的自己闪闪发光，眼睛里填满说不出来的喜悦。这时候，门铃响起。

张爱玲没有了平时的冷傲，阿妈还没来得及开门，自己已经打开了门上的小窗。张爱玲擦着头发只是在笑，像一个小女儿一般。

其实，这个时候千金小姐沦落民间，与寻常女子一样，在爱情中沉醉，又有几分惘然，快乐中几分喟叹。

张爱玲说过："恋爱着的男子向来喜欢说，恋爱着的女人向来喜欢听，恋爱着的女人破例的不大爱说话，因为下意识地她知道：男人彻底地懂得了一个女人之后，是不会爱她的。"

有人说，张爱玲与胡兰成的初见只是俗套小说的开头，没有什么特别的。

就这样，也只能这样了。张爱玲像是一个俗家的小女子问自己的爱人要不要吃面？饮食男女，在这里也变得欢欣雀跃。

其实想想，活在这茫茫红尘里的男男女女谁又能逃脱得了七情六欲呢？就像萧统初遇当时的惠娘，一个你侬我

依；纳兰容若初见自己的表妹，少男少女，仿如春风，觉得大地之间惶惶然。

想想这些又都是我们人为意淫来粉饰我们贫瘠的单调。爱情来来回回不就那几个字“我爱你，算了吧，谢谢你，对不起”。一些平凡的事情仿佛沾染上了点点浪漫而已。

活着，我们便要同时接纳美丽与丑陋。

乱世中的姻缘是没有浪漫与传奇可谈的。一个少女与一位男人，因为某种牵引、某种莫名的需求，无意当中走在一起，然后，又在历史风云中淹没。就像是弄堂里走出来的一对男女那么简单。但是，活在世界上的我们谁又能真正脱离原始的简单？况且胡兰成与张爱玲的简单，已经足以掀起人世间的惊涛骇浪。谁让一位是才子，一位是佳人呢？

当然胡兰成自有他“可爱”的一面。比如才气，比如懂女人，比如善解人意。道德与才情彻底分离的力量，自有一种勾人摄魄的魔力。

张爱玲在那写字，他就在那端端正正地读书。两人没有对视，也不敢，害怕被击中。女儿的心，还是按捺不住的。张爱玲将自己的梳妆镜小心地掂起，阳光照进来。闪烁的光亮反射在这男子东方神韵的国字脸庞上。一屋之间，万道光芒。

胡兰成是很懂女人的。张爱玲自己说过：“女人要崇拜才快乐，男人要被崇拜才快乐。”这个时候，他们显然是非常般配的。快乐组合在这里显得相得益彰。

张爱玲又说：爱是热，被爱是光。

胡兰成，人世沧桑，才情横溢，情趣别致，所有的汇聚在一起，散发出一种热力，照亮了这个只有独处的时候才显现出生命力、纤弱敏感的女子。

这天，张爱玲穿着蓝宝色的绸袄裤，戴着嫩黄边框的眼镜。她大大的脸像月亮一样柔和，阳台外，全上海在天际云影月色里，底下电车当当地来去，家具与摆设属于一种鲜亮的刺激。

房子正应了人儿，静默无言，刺激鲜亮。胡兰成便也感悟：好的东西原本是使人感到稍稍不安，并不能使人安之泰然的。

张爱玲最后坦言，房子是母亲出国前布置的，如果是她自己布置的话，她更爱刺激的颜色，就像那赵匡胤说出来的“欲出不出光辣挞，千山万山如火发”。旭日初升的火光刺激，就像是小时候画画，背景全是橙色，说是不对，却往往自有一种道理。

张爱玲问这男子，你为何要三天两头地来？这男子只是一句：“我见幽人独往来，孤鸿独缥缈。”

在这里，依旧是一个谈得多，一个听得多，可谈话当中有着舞斗。男欢女爱，一个似舞，一个似斗。薛平贵与代战公主，苏小妹与秦少游，仿佛文人的游戏更添色彩。

胡兰成故意接近张爱玲的世界，说起张佩纶和李菊耦

以诗为媒的佳话。张爱玲很高兴，将两首诗抄给他看，可是她又随意而肯定地说出：祖母并不太会写诗，这两首都是祖父改的。张爱玲随意就将佳话破坏，将显赫的背景说得一无是处。

张爱玲曾经亲眼目睹了浮华世家悲凉的迁徙，因而她更加渴望平稳真实的人生。这种渴望和尊敬，给了她哪吒般的重生。这样的破坏使得这男子愕然，同时也泰然。好在自己的布衣背景不用计较了。

在这乱世，只有孤地，只有封锁，只有时空，只有人物了。背景，往往忽略不计。相识，慢慢在日月里就这样融化……

从尘埃里开出花来

【爱玲说】在你面前我变得很低很低，低到尘埃里。但我的心里是喜欢的，从尘埃里开出花来。（张爱玲在送给胡兰成的照片背面题写）

在爱情面前，再不寻常的女子，一旦真正恋爱了，她便和其他女子一样：开心、烦恼全在脸上。对于此点，张爱玲也不例外。

自从胡兰成与张爱玲有了那一封信一首诗一句话之后，关系便豁然开朗，渐渐近了起来。胡兰成每隔一天就去看望张爱玲，俩人在一起谈论共同喜好的文艺。就这样三四回之后，张爱玲便忽然很烦恼，也很凄凉，表现出一副爱答不理的样子，并且在他走了之后，送给他一张纸条，叫他不要再去找她了。

胡兰成，何许人也？他自知一个女子如果没有爱上一个男子，断然是没有烦恼可谈的。他自信这必是恋爱当中一个必须跨越的台阶，一旦越过，水到渠成。

于是，胡兰成在张爱玲送纸条的当天就去见她，结果终归是年轻的女儿家，张爱玲还是欣喜接见。当真是过了这一个坎儿，两人以后便是和其他小情侣一样，天天黏在了一起，对方的心都变成了透明的，再也不必凭借任何托词来遮遮掩掩了。

胡兰成那时候在南京供职，但每个月总是要回上海小住几天。以前脚步一直在自己的妻子那里——美丽园。现在，便马不停蹄地来看张爱玲，急匆匆，仿佛丈夫对自己的妻子说："亲爱的，老公回来了。"

那时候，只要在上海，胡兰成便一整天和张爱玲黏在一起。真是男的废了耕，女的废了织，连出去游玩都不好，只是独居一室，仿佛有着说不完的话儿。相见恨晚，这时候，又算得了什么呢？其实，真正要论年龄、经历、观念、审美观，乃至整个为人处世的方式，张爱玲都与胡兰成截然不同，这样两个没有一点点相像的人聚在一起倒真的新鲜差异。张爱玲冷淡自私，不喜欢关注外界，恰好与胡兰成的多情、热闹形成两峰对峙。可是在双峰对峙之间，又有热流排山倒海；两个人交谈甚欢，轮回轮换，日月风云，历史戏文，艺术起居，仿佛两个人真正容纳在这天地间。

这对于他们二人都是格外的新鲜。胡兰成阅女人无数，显然已经是情场老手了，还是第一次与这集大雅与大俗于一身的独特女人在谈恋爱，新鲜中满是欢愉。

张爱玲恰好是情窦初开。她天真、直率，将人性的矛盾演绎到淋漓尽致：小女儿家的格调，老人的思想。

在此时的胡兰成看来，幼稚与老道，琐屑与庄重，物质与精神，一切形而上与形而下的东西到了她身上都和谐地融成了一种特别令人不安的魅力。

当胡兰成提起他在《天地》杂志上第一次看到张爱玲的那张照片。第二天，这小女子赶紧写下："见了他，她变得很低很低，低到尘埃里，但她心里是欢喜的，从尘埃里开出花来。"这当然是这骄傲的女子接纳了胡兰成的爱，尽管告白得这么奇怪。

从尘埃里开出来的花是张爱玲全盘托付的心。每当胡兰成回了南京，张爱玲也便伤感无限，满腹思念，一日不见，如隔三秋。一个不轻易动感情的人，一旦动起感情来简直是飞蛾扑火。她这样委屈地对胡兰成说："你说没有离愁，我想我也是的。可是上回你去南京，我竟要感伤了。"

当然这天才女子，自有自己的不同之处。张爱玲不是一般女子，没有离别的缠绵悱恻，却有心痛的黯然神伤。

在胡兰成看来，张爱玲有很多思维习惯，是他所不能理解的。张爱玲从不悲天悯人，同情与慈悲在她这里是极其稀罕的。

他觉得她是自私的，可是偏偏又觉得她的自私不是小气，她的自私是一个人在佳节良辰上了大场面，自己的存

在分外耀眼。她的心狠手辣让人咋舌，就像小时候宁可看着别人的柿子在抽屉里白白烂了也不肯去告诉他，出于很深的自尊心，她要保护自己，保护得好好。然而，她又是顺从的，在胡兰成的面前，这个女子可以低到尘埃里去。

张爱玲和胡兰成在一起，似乎总有着说不完的话，不管胡兰成说什么，她都觉着这是“攀条摘花香，言是欢气息”。

胡兰成常常惊异于这女子的惊人天赋，无论是文学还是生活。

对于父母，童年，在中国大部分人的心里都是心存感念，特别是像胡兰成这种在乡野的柴扉中长大的孩子更是觉得父母养大自己不容易，自当感激。可是张爱玲是不同的，她不重视这些感情，连自己的亲弟弟来了，也拒之门外。

张爱玲和胡兰成在一起的时候，是单纯的女子，是让中年男子禁不住靠近的那种。她喝浓茶，吃黏黏的东西，不常常买东西，可是嘴巴总是亏不得的。每天必须吃点心，把自己调养得像只红嘴绿鹦哥。当然有多余的钱的时候，她便为自己买衣服、胭脂，正所谓“女为悦己者容”，她就打扮给他看。

她常常对自己进行的淑女化教育感到好笑，甚至有一种大快淋漓的感觉。她告诉自己心爱的男人：“母亲是清末南京黄军门的千金小姐，这个西洋化的漂亮妇人从女儿小的时候就有心要训练她做个淑女，教她如何巧笑，如何在镜子里寻找自己最美丽的表情，告诉她没有幽默的天才就不要乱说话，可她到底令她母亲灰了心。”

张爱玲对胡兰成说：“我母亲教我淑女行走的姿势，但我走路总是跌跌撞撞，在房里也会三天两天撞着桌椅角，腿上不是磕破皮肤便是淤青，我就用红药水擦了一大片，姑姑每次见了一惊，以为伤重流血如此。”这样说着说着，连张爱玲自己都逗笑了。

胡兰成看着张爱玲在这里对着自己单纯地傻笑，自己也走了表情。这个多情而又滥情、在政治圈子里经验老到的中年男子，内心不禁温软潮湿，他觉得张爱玲对他怎么能这么亲呢？可是感情在这女子身上能驻留多久，他为自己担心起来……

这年轻的女子，不知道对面的男子究竟如何，她只是爱着，她傻乎乎的。

完全没有天才的风范了，在他这里，她只是他的女人。

胡兰成本来就不是一个专情的男人，即便和张爱玲你侬我侬的时候，他有的也只是名士艳遇之后的自我满足的快乐。张爱玲曾言语：“如果我是你的一颗泪珠，我会落到你的唇间，长驻你的心里；如果你是我的一颗泪珠，我一辈子也不会哭，因为我怕失去你。”女子，多让人心疼。终究是“深情是我担不起的重担，情话只是偶然兑现的谎言”。可是，胡兰成竟然连谎言也不愿意说。他告诉张爱玲，虽然他身处南京，但是并没有相思，每次小别，

也全无愁绪，就像是刚过了热闹放纵的灯节，对于新来的平常日子倒发现另有新意。

对于女子而言，爱情就应该是朝朝暮暮，因此，银河分离是泪水满河，可是对于这滥情的男人，朝朝暮暮显然是麻烦。他还感慨："只说银河是泪水，原来银河清浅却是形容喜悦。"听着他这样无理的有理，张爱玲真的沉默了。

张爱玲出于自尊，没敢进行更多的表白，却无法排解相思，只有写信给他。他将信捧在手上，自有一种说不上来的沉甸甸的感觉。但跟责任全无关系，他有爱，但不是满满的牵挂。

一次在上海的时候，胡兰成晚上从张爱玲家里出来，顺道到朋友熊剑东家里。正好朋友在打牌，他坐立不安在旁边待了一会儿，想要啸歌，想要说话，想要将心底的乐释放出来，于是，他便这样执拗地回家了。何等的洒脱！狂放到无以比拟的名士派头，深深迷醉了不谙世事的张爱玲。

张爱玲爱他，想他，念他。虽然，本质上他并不怎么好。

张爱玲跟自己的好朋友炎樱谈起：

> 貘：嫉妒这东西真是……譬如说，我同你是好朋友。假如我有丈夫，在他面前提起你的时候，我总是说你的好处，那么他当然，只知道你的好处，所以非常喜欢你。那我又不情愿了……

> 如果是你呢？张：我也是要嫉妒的。【《双声》，《张爱玲文集》第四卷。】

张爱玲曾经在自己的《不论古今中外都一样》这样描述过：“一个人在恋爱时最能表现出天性中崇高的品质，这就是为什么爱情小说永远受人欢迎。”

> 女人一旦爱上一个男人，如赐予女人的一杯毒酒，心甘情愿的以一种最美的姿势一饮而尽，一切的心都交了出去，生死度外！

是，就是这样的。张爱玲当真就是这样爱着这男子。他们常常在一起谈论他们共同的朋友苏青。

苏青，原本是大户人家的少奶奶，和丈夫离了婚，独自带着孩子办事业。和男人抢饭碗，这女人是颇受非议的。

张爱玲是喜欢苏青的，她赞美道：“苏青的美是一个俊字。有人说她俗，其实她俊俏。她的世俗也好，她的脸好像喜事人家新蒸的雪白馒头，上面有点胭脂。”

在爱情里面，人们总显得斤斤计较。一次，胡兰成在苏青家里，张爱玲正好也去。三个人不期而遇，显得十分尴尬，再开化的中国人都摆脱不了男女授受不亲的因子。张爱玲自然明白，其实没什么。但还是心里难受，她嫉妒、委屈。她终归也只是寻常女儿的寻常性情。

张爱玲说过：“恋爱的定义之一，我想是夸张一个异性与其他一切异性的分别。”在他们相见甚欢的日子，他显然是一位高大遮天的真男人，她只是一个需要疼爱的女孩。这时候，她不管不顾：“喜欢一个人，是不会有痛苦的。爱一个人，也许有绵长的痛苦，但他给我的快乐，也是世上最大的快乐。”她傻到：“你笑一次，我就可以高兴好几天；可看你哭一次，我就难过了好几年。我每天都在数着你的笑，可是你连笑的时候，都好寂寞。他们说你的笑容，又漂亮又落拓。”

这一切，究竟是为了什么？仅仅因为，她爱他。张爱玲说：“我爱你，没有什么目的。只是爱你。”那么情真，那么意切！这时候，她几乎忘了自己……

倾城之恋

【**爱玲说**】当我们都老的时候，我希望——

还能吻着你的牙床，直到永远……

婚姻对于一个女子来说算什么？是一辈子的托付。正所谓“男怕入错行，女怕嫁错郎”。我们女儿家，只因为爱这个男的，那时情浓，不管不顾，仿佛天地之间，忽然一切的事物便可以化为乌有。与其说是女子的盲目，倒不如可怜真是情真一片。

在张爱玲看来，真爱的境界莫过于轻轻问一句：“你也在这里吗？”

在胡兰成看来，她是一个清俊的女子，仿如欣赏一句古色古香的中国诗词，一阕，一首，字字珍贵。或是欣赏一幅日本的漫画，一尊唐朝的瓷器。只当是观赏，没想到自己却融于其中。是幸运？是枷锁？

有些东西，名贵、精美。远看，已经够美。近观，却惹尽尘埃。

他没想过要和张爱玲结婚，张爱玲也不会主动要求和他结婚。然而，人生的道路往往变幻莫测，或者，叫顺其自然。

胡兰成公然抛开家庭，搞婚外恋，他的夫人英娣大闹要离婚。在这个多情的男子看来，他是不情愿的，毕竟婚姻是婚姻，爱情是爱情。男人往往将此分得格外清楚。可是，女人怎么也无法将两者隔离。

英娣的大闹，胡兰成也只能答应。离了吧！

离婚那天，这薄幸、多情的男人还是流下眼泪，去告诉了张爱玲。张爱玲一直觉得，自己对胡兰成的感情，清冽、纯粹，这男子本该就是她的。她等的也是这样的结局。接下来该如何？那就顺其自然。于是，1944年8月间，他们结婚了，那年他38岁，她23岁。

胡兰成考虑到时局多变，自己的前途叵测，为了不连累心爱的人，没有举行仪式，只是写下一纸婚书："胡兰成张爱玲签订终身，结为夫妻，愿使岁月静好，现世安稳。"上句是张爱玲撰写，一个女人对于一个男人的终身托付；后两句是胡兰成撰写，一个男人对于一个女人的盟言承诺，旁边写上炎樱为媒证。

虽然结了婚，但是只是一纸婚书，也就是一个承诺而已。他们显然都不是俗人，不管不顾，关起门来过自己的小日子。无限的爱意，在空气里将两个人狠狠地黏在一起。从此，便希望同住同修，同缘同相，同见同知，死生契阔当真难料，唯有这“岁月静好，现世安稳”可以依持。这一刻，闭着眼睛都是幸福。

张爱玲与胡兰成结成姻缘以后，外面的时局正在发生着天翻地覆的变化。可是，张爱玲对政治的意识是相当薄弱的，只关心自己，感觉这个世界似乎与自己的关系并不大。可是，她并没有想到自己的男人和这个世界有着千丝万缕的联系。

“一个知己就好像一面镜子，反映出我们天性中最优美的部分来。”胡兰成是张爱玲活了23年结交的第一个异性知己，并且结婚了。

一个彼此相爱的异性发自肺腑的欣赏、理解与喜爱，感情笃深可见一斑。张爱玲说过：“清晨，放一点轻音乐，摸摸你耳朵，‘起床啦！’中午，我做菜，你洗衣服，也为谁洗碗而吵点小架；傍晚，手拉着手到河边看日落，感叹人生美好；夜晚，我们相拥而眠，踏实的连梦也懒得做。偶尔你还帮我挠挠痒，我也帮你画画眉，生活的安稳而知足……（小声的）嘘……请不要吵醒我的梦，谢谢！”

这就是生活，这便是甜蜜。温风习习，全是暖意。

张爱玲是这样的大雅大俗：“当我们都老的时候，我希望——还能吻着你的牙床，直到永远……首语：现在的你是否泪如雨下？就如同帖子背景的雨滴，无息滑落……”

或许，爱到了一定的程度，就是你身上有几颗痱子，

屁股上面长痔疮么？真的，就是这样的具体。

和胡兰成，自己心爱的男人在一起，张爱玲不是自私、冷艳的。她挥洒了个性当中最自然的成分，和胡兰成在他们的小天地里“照花前后镜，花面相交映”。

张爱玲极其艳丽，到波澜壮阔。就算是平常的事物，到她的手上也变得石破天惊了。“当我正不知道用什么形容词来修饰我们爱情的时候，却发现它对于你来说却只是个不可数名词……”好不让人艳羡啊！

张爱玲是理性，又是极其感性与敏感的。胡兰成觉得自己很多地方是在张爱玲这里才得以矫正的，人说琴瑟相和，胡兰成也是在张爱玲这里才拨弦弄琴的。他们之间谈起音乐，胡兰成一味地靠近张爱玲，想必这女子学了六年的钢琴，对于贝多芬这个大师级的人物肯定有顶礼膜拜之意的。胡兰成说自己曾经在香港的时候常常买到贝多芬的音乐，强迫自己努力听，也好得一点熏陶，而没想到张爱玲却是一句自己不喜欢钢琴。这句话，显然让胡兰成若有所失，可是仿佛又爽然畅快，心头的疙瘩又顿时得解。

胡兰成作为一个男人，中学以来就不屑于京戏、绍兴戏、流行歌曲等民间艺术。但在张爱玲的指点下，胡兰成明白了里面的好处，也感兴趣了。

《大学》里所说：“所谓诚其意者，兀自欺也，如恶恶臭，如好好色。”这男子觉得，只有这女子存在，他才能更加真实地了解自己。

当然，这对男女之间谈得最多的还是他们共同喜欢的文艺。在胡兰成的眼里，张爱玲更加生活化，文字玲珑剔透、鲜活伶俐、壮阔无私。两个人坐在一起看书，张爱玲仿佛比什么都高兴。

胡兰成喜欢和爱玲一起谈论诗经，谈到《大雅》《小雅》。张爱玲这样的人向来对文字苛刻，可她还是由衷地叹服文字的简单自然与返璞归真。有一次，只念了两句："倬彼云汉，昭回于天。"张爱玲一惊："啊，真真的是大旱年岁。"

又有《古诗十九首》，里面云："燕赵有佳人，美者颜如玉，被服罗裳衣，当户理清曲。"张爱玲又惊："真是贞洁，那是妓女呀！"

张爱玲和胡兰成又一起看了《夜歌》："欢从何处来，端然有忧色。"她叹道："这端然真好，而她亦真是爱他。"因为张爱玲，胡兰成更加明白了这古典诗词的全是好，文字在中国的文化里是性感而直见的。

看到《诗经》里面"既见君子"，又是"邂逅相见"。

庾信的赋便不禁熟稔于心："树里闻歌，枝中见舞，恰对妆台，诸窗并开，遥看已识，试唤便来。"

读着这样的诗词歌赋，看看云天，真是美呐。

正好是《诗经》中那一句："今夕何夕，见此良人；子兮子兮，见此良人何？"今天是什么日子啊，我竟然遇见这么美的人儿？美啊，美啊，我该拿这么美的人儿怎么办呢？

这不是张爱玲的小说《倾城之恋》里范柳原与白流苏的美丽早夭么？

“凡世的喧嚣和明亮，世俗的快乐和幸福，如同清亮的溪涧，在风里，在我眼前，汩汩而过，温暖如同泉水一样涌出来，我没有奢望，我只要你快乐，不要哀伤……”

爱了，就是爱了。浓烈，到彼此相容……

> “牵着我的手，闭着眼睛走，你也不会迷路。”
>
> “假如有一天我们不在一起了，也要像在一起一样。”
>
> “踮起脚尖，我们就能离幸福更近一点吗?”
>
> “硕大无比的自身和这腐烂而美丽的世界，两个尸首背对背拴在一起，你坠着我，我坠着你，往下沉。”

这全是小女子的心思，爱意正浓，只是有你有我，别无他物。

张爱玲看惯了繁华，经历了沧桑，她只想活在当下，之后的不想了。

爱与痛的边缘

【爱玲说】也许每一个男子全都有过这样的两个女人，至少两个。娶了红玫瑰，久而久之，红的变了墙上的一抹蚊子血，白的还是“床前明月光”；娶了白玫瑰，白的便是衣服上的一粒饭粘子，红的却是心口上的一颗朱砂痣。

“星辰海底当窗见，雨过河原隔座看。”1944年谁还将这李义山的难解之词在枕边呢喃？此时，整个中国的抗战还没有结束，四处可以嗅得到炮火的冲击。唯独上海这一片被称作“东方窗口”的城市，依旧在子弹中穿插着歌舞厅里的《天涯歌女》。靡靡之音，当是“商女不知亡国恨，隔江犹唱后庭花”。说说也罢，战争终归是男子的江湖，女人在这里也只是起到“锅碗瓢盆”的“原始作用”。

下边是战火，是靡音，是叫喊，是口号，是讨价还价声，似乎都与这座孤清的老公寓没有半点关系。这里旷日持久地只住着唯一的两位女主人，在这战乱中女子如浮

萍，又能说得了什么？做得了什么？

南风吹起，张爱玲在这乱世里孤独开花。她离不开上海，离不开这里的风土人情，离不开这生她养她的空气与海域。她是不能没有文字的。仿佛有些人生下来，只为了做一件事情。而张爱玲恰恰被推上了这应许之地。是文字让这女子，绝世独立！是上海将这女子，倾力打造！那句李义山的诗词，自然使这倾城的女子念念不忘！

也就是那一年，汪伪政权倒台了，胡兰成为了明哲保身，必须得离开上海。在生死大限面前，往往能准确地检验出感情的几斤几两。自己的男人为了活命，女人只得将感情搁浅，哪怕自己的心那么疼……

战乱中，上海的秋日，显得依旧奢华。张爱玲和胡兰成：一个穿着精美旗袍的女子，并且将其演绎得淋漓尽致，那么孤傲，那么小资。世说，她非常热衷于金钱，她回言："我喜欢钱，因为我没吃过钱的苦，不知道钱的坏处，只知道钱的好处。"而另一个则是会诗会词，风度翩翩的青年才俊。更重要的是，他似乎天生通晓女人的心，任凭再硬朗的，也会在他这里见到水滴。

胡兰成将走的那天夜里，星稀月朗。他们走到公寓栏杆旁边，亲昵而凄凉。胡兰成终归是男儿，不由得说起："'倬笔云汉，昭回于天'，记得诗经《大雅》里这两句吗？"他在担心国之大事，其实也是担心自己性命堪忧。

男人的爱好，常常会带动自己的女人。懒散地站在一旁的张爱玲不禁唏嘘转头：“都说杜鹃泣血，天色艳成这样，真是有种诡异的感觉！好像什么事都要尽了。”

有时候，真说不上来，女子尤其是充满灵性的女子，随便几句，便会道破事情的玄机。而张爱玲这会儿，恐怕也只是信口说说。

谁都道不尽这绵绵之情……

有人说：“太过聪明的女子，命运往往不堪。”一直不明白何其缘由？“力”始终代表着男权的主宰，不花男人金钱的女人，常常被看做异类。张爱玲就是这样一个从不花男人金钱的女子。然而，总是要知晓尘烟的味道，张爱玲别扭地在胡兰成面前撒起娇来：“做妻子的是要跟丈夫拿钱的，我没跟你要过，拿钱来也。”这个叫胡兰成的男子，也深情款款觉得十分满足：“正好有。”这一唱一和，好生不让人觉得两个演员在故意演绎一段寻常夫妻。沉浸在爱河的男女，总是柔情蜜意，何况是这惊世的才子佳人？

南风又起，这彻夜的长谈又卷进两个人到屋内。胡兰成抚摸着自己的女人，张爱玲：“来日大难，口燥唇干；今日相乐，皆当欢喜。”这样的四言相对，任凭是个女子都会乘着诺亚方舟欣欣然一番。

胡兰成对之：“你这人呢，我真恨不得把你包起，像个香袋儿，密密的针线缝缝好，放在衣箱里藏藏好。”这样嗲声嗲气的言语，怕是只有此时此景才可生出。

相爱的男女，总是看对方的满是好。

男子的嘴像是涂满了蜜汁："我这人呢，是你素手纤纤，一笔一画勾出来的：你点的眼，你开的光，你吹口仙气， 这人就能呼吸，能想能说了。所以我这个人呢，是你说了怎么样就怎么样，你说了算。"

此时的张爱玲如寻常女子，就这样沦陷了，在爱河里徜徉！

同为夫妻，同一床榻。诗人，词人也会聊起闲话。胡兰成问之："我打呼噜吵人吗？"这时的张爱玲俨然是一副小女人的姿态："也不会啊。但我就是要竖起耳朵来听。就像听你说话一样。有时候啊，千回百折，欲言又止。有时候又像小孩要糖一样，嘴里咕弄着。有时候又像老爷车爬山，喘呼喘呼，挺辛苦的。"

女人天生是水做的，经过润化，自然甘甜！

躺在胡兰成怀里的张爱玲，觉得今晚的月，是明的。口里不由自主念道："我兰成，我兰成……"

今日相爱，明日道别。

但是时空总是阻断不了有情人儿的相思。胡兰成看着此时的张爱玲，不禁起了这信誓旦旦之言："我不担心，我总能找到你，哪怕是隔着银河，我也要见你。"

有人说，男人是什么样的瓶子，自己的女人也大概是那个形状。

张爱玲顺其意："那你就改名叫张牵，或者张招。你到天涯海角，都有我牵你，我招你。”

打情骂趣，在文人的话语中，难免多了几分书香。

那个男人回道：“我记得的是后两句：‘若是晓珠明又定，一声长对水晶盘。’”

谁又说，那样的夜，这样的情，这样的份，比不了“直教人生死相许”？

40年代的上海，战火依旧是战火；胡兰成去了武汉，张爱玲依旧在上海。战争中的人们还是喜欢看书，喜欢看这才女的书。然而，张爱玲的心已经满满地寄往汉口……一个人独自相思，独自甜蜜，独自惆怅，独自走路，在上海落满叶子的小巷里写下了《落叶的爱》——

大的黄叶子朝下掉，
慢慢的，它经过风，
经过淡青的天，
经过天的刀光，
黄灰楼房的尘梦。
下来到半路上，
看得出它是要
去吻它的影子。
地上它的影子，
迎上来迎上来，
又像是往斜里飘。

叶子尽着漫着，
装出中年的漠然，
但是，一到地，
金焦的手掌
小心覆着个小黑影，
如同捉蟋蟀——
“唔，在这儿了！”
秋阳里的
水门汀地上，
静静睡在一起，
它和它的爱。

胡兰成，当是风流成性，走到哪里便爱了。去了汉口，这样的男子怕是有自己的过人之处，很快认识了姓周的一名女子，叫训德，并且与之相爱！

风流的男子，在哪里都不缺乏欢乐。枉费了爱玲痴心一片。她守着自己的死城，常常露出一种维多利亚的笑容：“炸死了你，我的故事就该完了；炸死了我，你的故事还长着呢。”

中间，胡兰成回到上海，将小周告诉给了张爱玲：“我要是另外有个爱人，你怎么办？”

任凭一个女子，听了这样的话，都伤心到了极点。其实，张爱玲也是！她没有眼泪，只有悲伤：“要看是怎样的人呢？”

这负心的男子怕是情色见惯，竟然丝毫不避讳，面不改色：“有分别吗？比方是我信里常给你提到的小周。”

只见张爱玲稍顿，哽咽道：“你呀，你是谁一照顾你，你心里一感激，就可以爱人家的。”

一个女人真正爱一个男人的时候，往往担任着双重角色，一个是老婆，一个是娘亲，于是有了最原始的“婆娘”称谓。

1945年了，胡兰成只是一个汉水的过客，然而这多情种子，只是遍地开花深情款款对小周说：“情分在，其他都不重要。我和你没有仪式，但名分上已经定了。有着汉水为凭。你要想着，我们将来还有长长的日子要过呢。”

那边是周训德，这边又赶过来见张爱玲：“我把命托给天，我把子女托给青芸，我把一切身外物都给了小周，只有你，我无一物可托，我们之间好像俗世俗念都是多余，但我想过要是真有万一，我想到我这辈子遇见了爱玲，还是要开怀一笑的。”

这样讽刺的“赞美”，怕是张爱玲听了着实心痛：“你愿意跟我说小周你就说。”

他倒真傻，还是艳情已成“惯犯”？——“小周已经是我的人了。感情是自然来的，我实在觉得我无法跟你解释或者交代，但我又不觉得我是负了心。”

爱玲再也无法忍受了：“你既然心里有我，却还能去爱

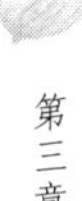

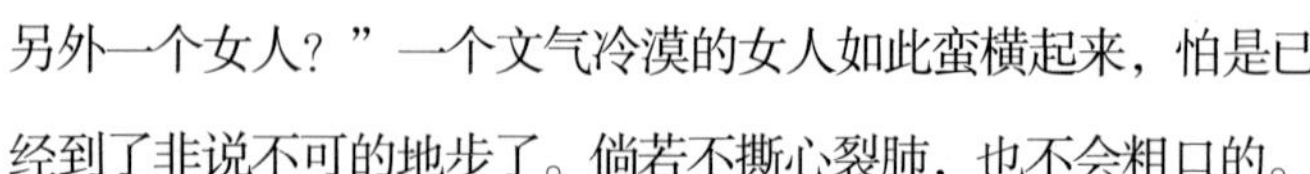

另外一个女人？”一个文气冷漠的女人如此蛮横起来，怕是已经到了非说不可的地步了。倘若不撕心裂肺，也不会粗口的。

“是真事，往往是无理可说的。汉江水是这样地流，我挽它也不回头。但我没有隐藏。”

这样的“无辜”让人怎样去承受呢？

——“你是这样对她说？那你是置我于何地？”（张爱玲说）

——“当下我只一句真心话对她，心里再没有别的。”（胡兰成对）

——“我总是想于我是亲的，于你也是亲。”（胡兰成言）

——“真要拿我去跟小周比吗？”（张爱玲怨）

胡兰成走了，这次还是为了逃命，去了重庆。带着张爱玲的心走了！张爱玲还在思念着这个男人。

思念是一种无法呼吸的伤痛，总在没你的日子生根发芽邪恶成长，我听着红色歌曲也能泪如泉涌，亲爱的，你现在何方？思念是一种患得患失的安慰，总在有风的日子胡思乱想辗转反侧，我堵住我的心不要怀疑最爱的人，亲爱的，你听见了吗？多少个岁月，我日日期盼，思念像条模糊的线，拉着我的心到处乱窜，我多想让你紧紧抱着，让思念在耳边狠狠地粉碎。

当真是，男人走了就走了。可是，张爱玲还是期盼这个深爱的男人能回到自己身边。她在夜晚，一个人痛苦：“我生命里的温暖就那么多，我全部给了你，但是你离开了我，你叫我以后怎么再对别人笑。”

她低吟浅唱：“那些美丽的小鱼，它们睡觉的时候也睁着眼睛。不需要爱情，亦从不哭泣。它们是我的榜样。”

她孤冷：“孤单不是与生俱来，而是由你爱上一个人的那一刻开始。”

她胡思：“当你穿上了爱情的婚纱，我也披上了和尚的袈裟……”

她无奈：“阳光擦干了我思念你的泪水……”

张爱玲一个人孤独地走在上海的院落和街道里。

你在做什么？我在仰望天空。30度的仰望是什么？是我想念她的角度。为什么要把头抬到30度？为了不让我的眼泪掉下来……

真正爱一个男人，是彻骨的，尤其是才华横溢的女子。她们不会轻易爱上一个男人，然而，一爱就奢望地老天荒。

张爱玲之后在自己的《半生缘》里写道：“我们都是寂寞惯了的人。”

张爱玲悲伤，失望，痛苦，反省：“守一颗心，别像

守一只猫。它冷了，来偎依你；它饿了，来叫你；它痒了，来摩你；它厌了，便偷偷地走掉。守一颗心，多么希望像守一只狗，不是你守它，而是它守你！”这也算是自我调侃吧，想想可真是悲凉呢。

张爱玲的祖父张佩纶很早就说过：“秋色无南北，人心自浅深。”也许，这晚年落寞的男子，最是看尽人间世态。张爱玲是孤独的，也是寂寞的，尽管在繁花似锦的文坛里风生水起。可是自己也不得不嗟叹：“无用的女人是最最厉害的女人。”

胡兰成总是很放心张爱玲。仿佛这女子什么都不用自己操心，可是，“你永远也看不到我最寂寞时候的样子，因为只有你不在我身边的时候，我才最寂寞”。

呵呵，算了吧。爱情本来并不复杂，来来去去不过三个字，不是“我爱你，我恨你”，便是“算了吧，你好吗？对不起”。

把悲伤，留给自己……可是，人就是这么贱，张爱玲还是想着胡兰成，念着胡兰成，思着胡兰成。无可奈何？自南望，大雁何时归？让人不由得想起《诗经》中那句“人生初见”的美好：“绸缪束薪，三星在天。今夕何夕，见此良人。子兮子兮，如此良人何？”

这是张爱玲在自己的作品——《倾城之恋》里提及的一段话。这是时间赋予人们的悲凉，或者叫幸福吧。还记得那汉秋宫里，自从赵氏姐妹来袭，班婕妤便落得遗珠苍老，清清冷冷凄凄惨惨戚戚，写下《团扇歌》来自我发泄，奈何却成了宫怨的代言人。

张爱玲知道这一切的悲伤，但万万没想到自己却给这孤苦女人更重的一笔！她是孤独的，面对这样的男人，她徘徊在爱与痛的边缘：人在哪？心在哪？留一卷放羊牧马图，在梦中溜达。酒在哪儿？情在哪儿？甜酸苦辣都已品尝，才慢慢回答。

1945年的秋天，叶子飘落继续，人流攒动依旧。遭到抛弃的女子，总是力图来回想与那人的甜蜜，她不知道，始终都不知道这究竟是为了什么？尽管她写着白玫瑰，臆造红玫瑰，断然也无法排遣心中的爱与恨！纠结纠结，断肠断肠……

想想晴雯说的那句："算了，就这样吧。"上海的老公寓里，流转的只是一个伤心女子的前尘往事……

从此两不识

【爱玲说】如果没法忘记他，就不要忘记好了。真正的忘记，是不需要努力的。

在每个时代，都有男男女女期许，失望——徘徊。清朝贵公子纳兰容若说："人生若只如初见，何事秋风悲画扇？等闲变却故人心，却道故人心易变。"张爱玲说："如果我不爱你，我就不会思念你，我就不会妒忌你身边的异性，我也不会失去自信心和斗志，我更不会痛苦。如果我能够不爱你，那该多好。"是的，虽然时代不尽相同，但情感却是永恒专一。

张爱玲本是一个寡淡之人，对所有的人都不太亲，可是对胡兰成却连呼吸都嚼着他的名字。对此，人们都在感慨，这男子只不过是博爱的男人而已，何必呢？

当胡兰成在婚书上写下"现世安稳"时，张爱玲的心是安的。她要求的不多，她亦懂得俗世的"嫁汉嫁汉，穿衣吃饭"。可是，她要找自己深爱的男子，即使这个社会将她抛弃，她也要和他共赴天涯。然而，他还是戳伤了她，狠狠的！张爱玲在温州和胡兰成，以及胡兰成当时的情人——范秀美，待了大概二十来天。胡兰成在那个烟雨蒙蒙的地方说，他感觉好像是《红楼梦》里晴雯被撵到外头，见宝玉竟来看她，只恐亵渎闪失了，宁愿催她早回上海。其实，说白了，这些都不过是推托之词，他怕这女子看穿了，一片赤诚之情受到伤害。所以宁愿张爱玲早早离开，免得尴尬。

女人爱上了一个人，什么苦仿佛都能吃得。张爱玲在这里逗留许久，只希望这被自己深爱的男子对自己说："妹妹，你放心，弱水三千，我只取一瓢。"他是不肯的，他要兼得兼爱。经过这么多纠葛，张爱玲终于豁然。

临行时，看着美丽而萧条的温州之景，对这挚爱的男子只说了寥寥数语伤心的话儿。"倘使我不得不离开你，不会去寻短见，也不会爱别人，我将只是自我萎谢了。"

张爱玲的心死了，彻底死了。回到上海之后，张爱玲给胡兰成去了一封信："那天船将开时，你回岸上去了，我一人雨中撑伞在船舷边，对着滔滔黄浪，伫立涕泣久之。"张爱玲知道胡兰成在温州生活拮据，她从自己的稿费中拿出钱来随即寄去，并叫他不要忧念挂记她。

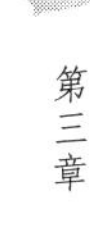

1947年2月，胡兰成的境遇有所好转，他给张爱玲的信件当中又流露出他张扬的个性来。然而，他已经伤透了这女子的心。从前千好万好，吸引她的地方，现在倒像是抹了癞

疥疮药。残酷如她，“我觉得要渐渐地不认识你了”。

这时候的胡兰成是极想接近张爱玲的，但是当一个女子的心真被伤透了，你还会觉得，她还能回来？完好无损？同年5月份的时候，胡兰成新近结交了刘景晨先生，在温州大约可以站住脚了，又得梁漱溟先生的赏识，将来有机缘再出中原。

他用隐喻给爱玲写信，真是伤人的心。张爱玲看着这样的信，想着一年前在温州的所见所闻，不禁悲从中来，所幸的是他已经脱离险境，其他的便没有什么可求的了。

“如果情感和岁月也能轻轻撕碎扔到海中，那么我愿意从此就在海底沉默，你的言语我爱听却不懂得。我的沉默你愿见却不明白。”

1947年6月10日，胡兰成收到张爱玲给他的最后一封信。胡兰成这样率性的人没有预料到自己的所作所为竟然给张爱玲带来这么大的伤害，更没有预料到深爱自己的女人会如此果断。当然，这一切都不是空穴来风，他知道原因的。

张爱玲写道：“我已经不喜欢你了。你是早已不喜欢我了的。这次的决心，我是经过一年半的长时间的考虑的，彼惟时以小吉故，不欲增加你的困难。你不要来寻我，即或写信来，我亦是不看的了。”

信里的“小吉”当是“小劫”的隐语，这其实真正能看得见患难夫妻的真情，可如今亮烈决绝的绝交信。谁又能读懂张爱玲的心声，听，玻璃碎片！

信中，她还附了30万元给自己一直深爱的男人，是新完稿的电影剧本《不了情》《太太万岁》的稿酬。胡兰成在外流亡将近两年，是张爱玲，这个深爱他的女子，一直在接济他，最后一次也是如此。

其实要尽一个妻子的责任显然是次要的，因为张爱玲这样的人从来不将责任感放在前位。她爱他，只是一个劲儿地在爱他。然而，他终是薄情之人，他不惊悔，不肯专一托付于她。

这女子为了不使自己沦落到雾数不清的地步，她只好自卫了。还能怎样呢？这其实是张爱玲第一次要主动抓捏一点点人生当中值得依靠的什么，可是她努力，努力抓不牢。于是，她只好先撒手了。

胡兰成对于爱玲和他绝交，当然是极不情愿的。可是张爱玲是这般的清冷：宁为玉碎，不为瓦全。之后，他写信给爱玲的好友炎樱，炎樱也做得干脆。从此，这两个深爱的人成了今生的陌路。

张爱玲把头埋得更低、更低……她在心中默默直念：兰成，就到这儿吧，我累了，祝你幸福……

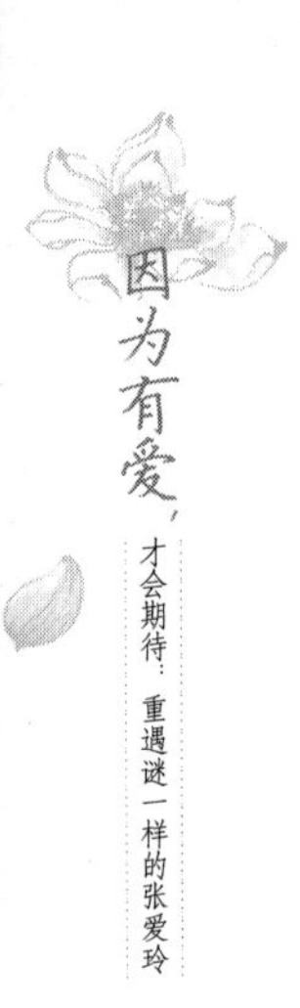

她从海上来

【爱玲说】有些人会一直刻在记忆里的，即使忘记了他的声音，忘记了他的笑容，忘记了他的脸，但是每当想起他时的那种感受，是永远都不会改变的。

1952年的中国，已经是解放的中国，人们的“时髦”装束变成了一律的蓝布或者灰布中山装，顶多分外爱美的姑娘们在自己翻出来的领子上秀出几朵小花。

这时的作家们书写的多是红色文章，红色小说。好像整个时代会因为自己的几个字天翻地覆，或者是锦上添花。在大时代的笼罩之下，张爱玲只想作为一个作家，以最本真的态度出现。

她炽热地爱着旧上海30到40年代十里洋场的繁华与热闹。尽管这一切好像都与自己无关，但是光是看看已经知足。

她留恋以前弄堂里的热闹平凡，头上搭了竹竿，晾着小孩子的开裆裤，柜台上的玻璃缸里盛着“参须露酒”；这一家的扩音机里唱着梅兰芳，那一家的无线电里卖着癞疥疮药，走到“太白遗风”的招牌底下打点料酒。

这是张爱玲向往的生活，如此简单。可是，对于自己怎么就这么难呢？怕是，上帝要独独折磨这女子。因为后世需要她，需要她的文字。

坐着火车，奔向远方，谁知明年是新月？谁知去年还旧月？

张爱玲的内心始终摆脱不了苍凉的影子。上海是她多么挚爱的土地，因为这片土地，因为这里的人，张爱玲是那么离不开。仿佛一个连体的婴儿，谁走谁会死。当真是到了该作别的时候了？

张爱玲说了那句：“我也不会再爱别人，只能是凋谢了。”那一年，她在任何人面前没有留下一滴眼泪，可是她在悲伤，这悲伤仿如一个幽深的夜晚，万籁俱寂，只有一只流浪的小猫被折断了双脚，一个人凄惨地嘶嚎，穿透天与地！

张爱玲始终想着现世安稳！没有一个女子比她更缺乏安全感的。大时代的递转、交换，让她没有安全感。可是，人总是要活下去的，尽管《简·爱》里面说，“人活着就是为了含辛茹苦”。

张爱玲将这男人柔柔地永远藏在了自己的最深处。上海这个地方还有什么值得留恋的？

张爱玲原本想着新中国成立以后，自己能再次繁华。然

而，时代的大变迁，犹如自己的家族，锦衣玉食，遗老遗少，繁华落寞，张爱玲看得太多了，感受得太多了。但她又是这么一个分外爱美的女子，怎么会容许自己就此这样消沉下去呢？

这个时候，自己深爱的男人又在哪儿呢？那些曾经在上海遮云挡月、不可一世的国民党的官员们，还不是仓皇不可终日，纷纷出渡，想着能再造繁华？未能出渡的，整天提着颗脑袋，等待历史的宣判。

张爱玲在这个时候，作为一个只会写字的女人，抱着最后的希望。然而，终归还是平静的。

窗外热火朝天，屋内的张爱玲依旧平静。前几年因为丈夫胡兰成，张爱玲在政治当中有一些风波。

但是又想想，作为一个职业文人，读者便是上帝，自己跟政治向来少有牵连。内心坦荡，神情笃定，这是张爱玲最后的心理防护。她依旧平静地和姑姑住在一起，同时也在观察这个世界，如何将自己的笔触再次展开？那时，张爱玲的姑姑在一家电影公司工作，张爱玲也经常和姑姑一起看看电影。外面天翻地覆的变化，她们也没沧海成桑田。

平静的表面，忧伤埋在心底。那个男人现在怎么样了？算了，自己真是作践自己！可是，每每回忆，还是暗伤痕痕。

上海，这个地方有太多的回忆了——

这时的爱玲还是禁不住拿起了笔，因为天才是离不开自己擅长的东西的。她从来不太关心政治，因为那是太大的事儿：自己那浓重的家族不正是在与政治多年的牵绊中，戴着绚丽光辉的光环走过来的吗？最后怎样呢？最后又怎样呢？颓唐的后裔！无尽的苍凉！父亲、母亲、姑姑、弟弟等，这些都是压在张爱玲心头的暗伤，始终压得自己无法呼吸。连自己深爱的那个男人，也是“三妻四妾”，自觉没有大碍。张爱玲害怕这些，逃避这些。于是，她从来不写跟时代相关联的，她害怕，怕到骨子里。

“自古深情总无情”，就是这个道理吧，张爱玲的心有谁能懂呢？然而，毕竟作家也要吃饭的。而作家唯一会干的事儿，就是写出好看的文字。

当时的左翼作家是很反感张爱玲的，总觉得她是资本家的余孽，不懂得对劳苦大众的同情。可是，在艺术的大观园里，张爱玲毅然决然表现出对这些跟风者的不屑。1948年的《太太万岁》便是两种作家的争斗，张爱玲被批判的一无是处。

张爱玲曾经说过：别人的评论不管说得有无道理，只要说她好她就喜欢，说她不好她就反感。

张爱玲说：“我只是一个女人，只爱独善其身，我只写男女之间的小事儿，大时代的变革跟自己没有一点儿关系。我的作品里没有战争，也没有革命。我认为人在恋爱的时候，是比在战争或革命的时候更朴素，也更放恣的……真的革命与革命战争，在调情上我想应该和恋爱是近亲，和恋爱一样是放恣得渗透于人生的全面，而对于自己是和谐。”这是张爱玲的内心。其实，也是真真实实一

个女人的内心。战争怎么了？革命怎么了？我只关心我深爱的男人……

可是，每每一旦提笔，张爱玲的笔头总会出现那个男人的影子。有人说“时间可以将某些事情遗忘，也可以将思念拉长”。但是，张爱玲还是写了《半生缘》。

1946年的时候，张爱玲的作品已经遭到一些激进的左翼分子的反对。“人言可畏”不单单是阮玲玉的专利，只是张爱玲扛住了。

那一年，张爱玲战战兢兢拿起自己心爱的笔，连载了《十八春》，也就是后来的《半生缘》，笔名用了梁京，也是唯一一次。

《十八春》于1950年3月25日至1951年2月11日，在《亦报》上连载，颇有投石问路的意味。

在《半生缘》里，张爱玲还是以旧社会为背景，增添了当时社会的新气息。张爱玲描摹男女之间感情的功力，在当时无人能及。

《十八春》引起了强烈好评，紧接着《小艾》。然而，历史翻页，张爱玲预感到桑田的恐怖。

对于张爱玲这个心中只有小我的女子，那个时代是不容许的，必须心系家园，人人报国，即使没有那个能力。

1947年，张爱玲写了一首《中国的日夜》：

走在我自己的国土。

乱纷纷都是自己人，

补了又补，连了又连的，

补钉的彩云的人民。

我的人民，

我的青春，

我真高兴晒着太阳去买回来沉重累赘的一日三餐。

谯楼初鼓定天下，

安民心，

嘈嘈的烦冤的人声下沉。

沉到底。

中国，到底。

时代还是不容许这美丽高傲的女子再在这里过下去。

新中国的人们的装束、思想，好像与这女子有着千差万别的鸿沟。1952年，这沉重的女子，这美丽的海上花，终于拖着不大不小的行囊，真正离开了自己深深眷恋的上海。之后的43年，再也没有来过。

然而，心却搁在了这里，永远，永远。

再见，上海——

再见，这美丽的曾经——

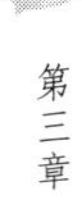

后语——一别一辈子

感情原来是这么脆弱的。经得起风雨，却经不起平凡；风雨同船，晴天便各自散了。

有些人一直没机会见，等有机会见了，却又犹豫了，相见不如不见。

有些事一别竟是一辈子，一直没机会做，等有机会了，却不想再做了。

有些话埋藏在心中好久，没机会说，等有机会说的时候，却说不出口了。

有些爱一直没机会爱，等有机会了，已经不爱了。

有些人是有很多机会相见的，却总找借口推脱，想见的时候已经没机会了。

有些事是有很多机会去做的，却一天一天推迟，想做的时候却发现没机会了。

有些爱给了你很多机会，却不在意、不在乎，想重视的时候已经没机会爱了。

人生有时候，总是很讽刺。一转身可能就是一世。

说好永远的，不知怎么就散了。最后自己想来想去，竟然也搞不清楚当初是什么原因把彼此分开的。然后，你忽然醒悟，感情原来是这么脆弱的。经得起风雨，却经不起平凡；风雨同船，晴天便各自散了。也许只是赌气，也许只是因为小小的事。幻想着和好的甜蜜，或重逢时的拥抱，那个时候会边流泪边捶打对方，还傻笑着。该是多美的画面。

没想到的是，一别竟是一辈子了。

于是。各有各的生活，各自爱着别的人。曾经相爱，现在已互不相干。

即使在同一个小小的城市，也不曾再相逢。某一天某一刻，走在同一条街上，也看不见对方。先是感叹，后来是无奈。

爱着的并不一定拥有。

拥有的并不一定爱着。

也许你很幸福，因为找到另一个适合自己的人。

也许你不幸福，因为可能你这一生就只有那个人真正用心在你身上。

很久很久，没有对方的消息，也不再想起这个人，也是不想再想起。

第四章 温暖北美

导言——惘然记

北宋有一幅《校书图》，画一个学者一手持纸卷，一手拿着个小物件——看不清楚是簪子还是文具——在搔头发，仿佛踌躇不决。下首有个撞儿托盘送茶来，背景是《包公案》《施公案》插图中例有的，坐堂的官员背后的两折大屏风，上有朝服下缘的海涛图案。看上去他环境优裕，他校的书也许我们也不怎么想看。但是有点出人意料地，他赤着脚，地下两只鞋一正一反，显然是两脚互相搓抹着褪下来的，立刻使我想起南台湾两个老人脱了鞋坐在矮石墙上拉弦琴的照片，不禁悠然微笑。作为图画，这张画没有什么特色，脱鞋这小动作的意趣是文艺性的，极简单扼要地显示文艺的功用之一：让我们能接近否则无法接近的人。

在文字的沟通上，小说是两点之间最短的距离。就连最亲切的身边散文，是对熟朋友的态度，也总还要保持一点距离。只有小说可以不尊重隐私权，但是并不是窥视别人，而是暂时或多或少地认同，像演员沉浸在一个角色里，也成为自身的一次经验。

写反面人物，是否不应当进入内心，只能站在外面骂，或加以丑化？时至今日，现代世界名著大家都相当熟悉，对我们自己的传统小说的精深也有新的认识，正在要求成熟的作品，要求深度的时候，提出这样的问题该是多余的。但是，似乎还是有在此一提的必要。

对敌人也需要知己知彼。不过细彼是否不能知道得太多？因为了解是原恕的初步？如果了解导向原有，了解这种人也更可能导向鄙夷。缺乏了解，才会把罪恶神化，成为与上帝抗衡的魔鬼、神秘伟大的“黑暗世界的王子”。至今在西方“撒日教派”“黑弥撒”还有它的魅力。

这小说集里《五四遗事》这篇是用英文写的，1956年发表，中译文次年刊出。其实三篇近作也都是1950年间写的，不过此后屡经彻底改写，《相见欢》与《色·戒》发表后又还添改多处。《浮花浪蕊》最后一次大改，才参用社会小说做法，题材比近代短篇小说散漫，是一个实验。

这三个小故事都曾经使我震动，因而甘心一遍遍改写这么些年，甚至于想起来只想到最初获得材料的惊喜，与改写的历程，一点都不觉得这其间30年的时间过去了。爱就是不问值得不值得。这也就是“此情可待成追忆，只是当时已惘然”了。因此结集时题名《惘然记》。

此外还有两篇1940年间的旧作。《联合报》副刊主编痖弦先生有朋友在香港的图书馆里旧杂志上看到，影印了

两篇，寄来问我是否可以再刊载。一篇散文《华丽缘》我倒是一直留着稿子在手边，因为部分写入《秧歌》，迄未发表。另一篇小说《多少恨》，是以前从大陆出来的时候不便携带文字，有些就没带出来。但是这些年来，这几篇东西的存在并不是没人知道，如美国学者耿德华（EdwardOunn）就早已在图书馆里看见，影印了送给别的嗜痂者。最近有人也同样从图书馆里的旧期刊上影印下来，擅自出书，称为“古物出土”，作为他的发现；就拿我当北宋时代的人一样，著作权可以径自据为己有。口气中还对我有本书里收编了几篇旧作表示不满，好像我侵犯了他的权利，身为事主的我反而犯了盗窃罪似的。

《多少恨》的前身是我的电影剧本《不了情》。原剧本没有了，附录另一只电影剧本《情场如战场》，根据美国麦克斯·舒尔曼（MaxShulman）著舞台剧“TheTenderTrap（温柔的陷阱）”改编的，影片1956年摄制，林黛、陈厚、张扬主演。

《多少恨》里有些对白太软弱，我改写了两段，另一篇旧作《殷宝滟送花楼会》实在太坏，改都无从改起。想不收入小说集，但是这篇也被盗印，不收也禁绝不了，只好添写了个尾声。不得不噜苏点交代清楚，不然读者看到双包案，不知道是怎么回事，还以为我在盗印自己的作品。

开到荼蘼

【爱玲说】走陌生的路，看陌生的风景，听陌生的歌，然后在某个不经意的瞬间，你会发现，原本费尽心机想要忘记的事情真的就这么忘记了。

很多年了，上海，这个自己曾认为最适合自己的地方，再也回不去了。

1955年，一个秋天，秋天如这女子冰冷的心一样。张爱玲不知道是以什么样的心情乘上了“克里克夫兰总统”号离开香港，去了美国的某个城市。那时候，送别她的只有宋淇夫妇。

到底是要离开自己的家了。回不去了，再也回不去了……

与上次离港心情完全是两重天，那时候年轻，对生活充满美好的憧憬。然而，这次却是人在天涯，无奈作别。这次，张爱玲奔走异国他乡，是去新大陆，陌生的环境。

还是胡兰成那句：“我见幽人独往来，孤鸿缥缈影。”

张爱玲拖着不太多的行李，真是有，也只有“黯然销魂者，唯别而已矣”了。

去国苍凉，何日是归期？这时的张爱玲前途未卜。

凄清的秋风，吹起张爱玲黑色旗袍外的深黑色的长丝巾。她强忍着泪水，与宋淇夫妇挥手，彼此道别：“再见！珍重！”

此情此景，真正应了“浔阳江头夜送客，枫叶荻花秋瑟瑟”。望着渐行渐远的维多利亚海湾，越来越远的故国，张爱玲的心头不禁一片黯然。

> 这穿堂在暗黄的灯照里很像一节火车，从异乡到异乡。火车上的女人是萍水相逢的，但是个可亲的女人。

想想真是“问君能有几多愁，恰似一江春水向东流”。

到了日本的一个城市，张爱玲不知道怀着一种怎样的心情给宋淇夫妇写道：“别后我一路哭回房中，和上次离开香港的快乐刚好相反，现在写到这里还是眼泪汪汪起来。”宋淇夫妇读罢此信，真是感念人在天涯，满目疮痍……

张爱玲写道：“有许多小事，一搁下来就觉得不值一说了，趁有空的时候便快写下来。”

呵呵，其实明白人都知道，这女子是太孤独了。真的太孤独了……

张爱玲一再叮咛宋淇夫妇："一有空就写信来……但一年半载不写信我也不会不放心的。惦记是反正一天到晚惦记着的。"

人们都说张爱玲多冷漠。可是，谁又知道"自古多情是无情"。谁知道这"载不动，许多愁"呢？

宋淇先生说："几年过去了，她的旧信已积成一大堆，我们偶尔翻阅，读到那些富于'张爱玲笔触'的字句，又像是在斗室中晤对清谈了。"

张爱玲的孤苦无依，天涯人在何方，什么时候是个头啊？张爱玲的内心，彼时是苍凉的。不得不说，张爱玲是坚强的，不然，她不会活着了。生活让她历尽磨难，可是生命仍在继续。说不上来哀愁，诉不尽的悲切。

张爱玲乘的船，是在美国旧金山入境的。文件是由一个矮小的日裔青年审核的。张爱玲的身高是五尺六寸半，结果这日本青年，大概是仰望的姿态，故意夸大，写成了六尺六寸半。张爱玲笑称这是"弗洛伊德式的错误"。后来，爱玲也解释道："心理分析宗师弗洛伊德认为世上没有笔误或是偶尔说错一个字的事，都是本来心里就是这样想，无意中猜透的，我瘦，看着特别高。"

一直到后来，张爱玲也是记得这件事儿的，也许是因为它比较有趣，有趣的事儿在张爱玲这里全是智慧。

张爱玲在踏上美利坚的第一天就发生这样的状况，其中的种种因缘际会，是谁又能说清道明呢？入境之后，张爱玲乘着轮船驶向旧金山的50号码头。没有逗留多久，她便很快去了纽约，因为好友炎樱在那里。她已经很久没有感到温暖了，多么渴望快点见到炎樱啊。

纽约终于到了。在那个年代，纽约无疑是繁华的，是美国的门户，也是一个橱窗。摩天大楼、繁荣港口、宽阔街道……这一切的一切，无不在分分秒秒地昭示着鲜明的美利坚文化。然而，对于这么一个漂泊的人来说，“这一切都是别人的，与我无关。”

风雨故来人。在这样一个陌生的环境下，再见炎樱，无疑是欢喜异常的。她们还如当初，拉着手一起去逛街，吃东西，就像是昔日在上海和香港时一样。好朋友就是这样的，即使很久不见，还是如故。

在纽约，张爱玲一直想见一个人，那就是胡适。早在1954年的时候，在香港，张爱玲就把自己的《秧歌》寄给了胡适，另外附有一封简短的信，大致是说这本书有点像他在评《海上花》的“平淡而近自然”。

在胡适的全盛时期，年轻的张爱玲也是仰慕至极啊。那时候，张爱玲还小，素昧平生，想求得胡适的一些见解。不久之后，便是胡适的亲笔回信。

“……你这本《秧歌》，我仔细看了两遍，我很高兴能看见这本很有文学价值的作品。你自己说的‘有一点接近平淡而近自然的境界’，我认为你在这个方面已做到了很成功的地步！这本小说，从头到尾，写的是‘饥饿’——也许你曾想到用《饿》做书名，写得真好，真有‘平淡而近自然’的细致功夫。

……以上说的话，是一个不曾做文艺创作人的胡说，请你不要见笑。我读了你10月的信上说的‘很久以前我读你的《醒世姻缘》与《海上花》的考证，印象非常深，后来找了这两部小说来看，这些年来，前后不知看了多少遍，自己以为得到不少益处。’——我读了这几句话，又读了你的小说，我真很感觉高兴！如果我提倡这两部小说的效果单止产生了你这一本《秧歌》，我也应该十分满意了。”

信中，胡适还对一些章节简单提出了自己的意见。三年之后，张爱玲申请到南加州亨廷顿·哈特福基金会去，写信让胡适作保。胡适答应了，顺便将《秧歌》还给了张爱玲。一个文坛大佬能对自己这样，张爱玲真是有着说不出来的感怀与激动。

来到纽约不久之后的一个下午，张爱玲和炎樱一起去看胡适了。到底是中国人，胡适所在的那一条街道是一排白色水泥的方块房子，门洞里有楼梯，全是港式公寓。

初冬，午后的阳光里，让人不禁有种恍恍惚惚的感觉，恍如隔世又在眼前。等到上了楼，室内的陈设也是全中式的。

这时的胡适穿着灰色的长袍子，飘飘然地站在雕花

的窗边。

古老的中国文化在纽约重现了，不知道张爱玲当时作何感想？

胡适夫妇热情招待。夫人江冬秀端出沏好的茶来招待她们。青瓷的小茶杯，柔滑细腻，张爱玲轻轻端起，把玩于掌心，轻声细语念出："寒夜客来茶当酒！"胡夫人态度有些生涩，或许，在胡适面前，就只是他的学生了。炎樱倒是生性活泼，非常热情地用国语跟胡适夫妇聊天，可能是因为离开中国太久，总觉得像是纯美人在生硬地说着国语。胡适夫妇是很喜欢炎樱的，说说笑笑丝毫没有陌生感。

张爱玲不善言辞，只是静静坐着。一如自己平时的态度，内心却已经翻云覆雨……眼前这位慈祥的老人就是胡适啊！难免眼泪要掉下来了，胡适曾经是让张爱玲"敬如神明"的人物，是一个高大魁梧的历史化的人物。而此刻，只不过是一个慈祥的老头，稍带一点点落寞。张爱玲，努力按捺住自己激动的心情，这是真的，这就是真的。

时间，真是慌了神：那一年，她还是坐在父亲的书桌旁看完《胡适文存》的。《海上花》也是父亲看了胡适的考证才买来的，《醒世姻缘》则是自己破例花钱去买的。详细读了《醒世姻缘》则是在港大战争时期读的。当时，张爱玲当了防空员，驻扎在冯平山的图书馆，在一堆古老的书籍里发现了《醒世姻缘》。真可谓大惊大喜！

当时烽火连天，张爱玲只是津津有味地读着胡适先生的《醒世姻缘》。

多么遥远的记忆，像一条长河一样，丝丝蔓蔓。而自己现在就在这老先生的旁边。

炎樱到底是活泼、幸福的女人。感恩节那天，炎樱带着张爱玲去了一个美国人家里吃烤鸭，出来的时候，天已经黑了。

张爱玲究竟是愁肠百绪。深蓝色的街道，格外干净，灯火橱窗，寒气逼人，街上的霓虹灯晶莹可爱。张爱玲喝了点小酒，有点微醉。和表姐在上海的霞飞路逛街的情景，历历在目。

人在天涯呐!

夜来风寒，张爱玲回去就上吐下泻。在异乡生病了，更是心有戚戚焉。

这时候，正好胡适打来电话，说是去一家中国馆子吃饺子，张爱玲激动得热泪盈眶。人间到底还是有一点儿暖意的。

从此，张爱玲就再也没见过胡适先生。但是听说胡适先生返回中国台湾，担任了“研究院”院长。之后没多久，张爱玲在报纸上看到胡适先生在一次演讲之后无疾而终。他就是这样去了。

张爱玲每次翻起《秧歌》总还是会想起他的。

1956年2月，张爱玲来到美国已经四个月了，但是生活还是那样，没有更大的改变。《秧歌》在美国销路一般，

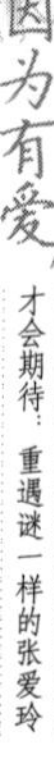

作为一个职业文人，显然是困窘的。总不能这样吧。张爱玲只有另谋出路。

一个年轻的女子，走在充满沧桑的路上。可是，早已经无法回头。如若，当初嫁个好人，也许……也许……算了吧，唱得再多，人，已经散落在天涯。

又见炊烟

【爱玲说】我知道我不是一个很好的记录者，但我比任何人都喜欢回首自己来时的路，我不断地回首，驻足，然而时光扔下我轰轰烈烈的向前奔去。

缘分是可遇而不可求的事情，不管年龄，无论地点。

张爱玲原以为自己的心自从那次就死了。花谢了，再也长不起来了。离开胡兰成，怕是自己的心，再也不会萌动了。然而，人类是需要温暖的。爱情到底是个什么样的东西呢？还是元好问说得好：问世间情为何物？直教人生死相许。

张爱玲真的需要一点点暖意。在炉火旁边，哪怕是听听短暂的歌谣。

麦克道威尔文艺营是爱玲提出来的居住申请，并请了自己的代理人玛莉·勒德尔作保，又找了司克利卜纳出版社的主编哈利·布莱格和著名的小说作家马昆德做保人。不久，申请便通过了。

谁都说不上来，这次会再次逢春？

麦克道威尔文艺营创建于1907年，是由著名作曲家爱德华·麦克道威尔的遗孀——马琳·麦克道威尔夫人创建的。

搞创作的人太需要安静的环境来创作，每个时代的文人都需要这样的环境。可是，并不是都有这样的好命与这样的资质。

3月中旬，张爱玲就离开纽约，离开炎樱，毕竟有自己的路要走。先乘火车到波士顿，再辗转去了新罕布什尔州。之后，就到了彼得堡市区，然后，又雇了一辆计程车，到了市中心数里外的麦克道威尔。

真的是“长途跋涉，舟车劳顿”。千山万水，难道就是缘分？难道就是天意？你存在我深深的脑海里、我的梦里、我的心里、我的歌声里。

彼得堡这里的冬天，天晴得比较早。前几天刚下过一场大雪，张爱玲坐在车里，衣衫单薄，只觉得一种骨子里的冷。离市区越来越远了，外面漆黑，什么都看不清楚。

生于浩渺的宇宙之间，真是苍茫而浑浊。忽然，前面有一座灯火通明的大厅和几十所透着灯光的小房子。

喜！张爱玲看到了希望。

远远望去，那房子真像是欧洲中世纪的小城堡。灯光比较柔和，乐音袅袅，恍如世外。

“这难道就是所谓的世外？”张爱玲想着便笑了。

车越来越近了，可以见到门前两排耸立着的参天大树。地上残雪未消，踏上去有些声音。张爱玲的心，渐渐地向这个灯火通明的地方靠近。

家？这里就是我寻觅半生的家吗？麦克道威尔文艺营，这就是了。

缘分是什么？在这之前，张爱玲想过，但始终解不透。一个人站在外面，张爱玲听见里面觥筹交错的声音，欢笑声，似乎即将迎来一个新开始。

张爱玲心里默念：“你好，麦克道威尔！我来了！”

新的开始，总是让人抱有很大的希望。麦克道威尔文艺营坐落于新罕布什尔群山之中，景色特别好，适合创作。文艺营是由四十多所房舍构成的建筑群，里面包括28所大小不一、彼此分开的艺术家工作室，一所图书馆，十来所宿舍和一所文艺营大厅。这些房舍有的建在草坪上，有的建在一片中等规模的森林中。

好诡异，好有艺术氛围。很多创作人心驰神往的神圣地方啊。

文艺营的日常生活全是以艺术家的角度来考虑的。

一般是这样的，早餐，大家一块儿吃。之后各自回房，埋头工作。为了不打扰艺术家的工作，管理中心一般是将午餐放在门口。下午四点钟之前，是不准聚会的。四点钟之后，大家又聚在一起，娱乐，谈话，喝鸡尾酒。晚餐，集体享用。

张爱玲来到这里之后，被安置在女子宿舍，分配给她

一间环境幽静的单独工作室。饱经沧桑的几年，终于还是有了自己的“洞天福地”来写作。也算是欣慰了。

张爱玲希望在这里写出第二本英文小说，暂定名为《粉泪》。她希望凭借此文，在美国文坛上具有一席之地。张爱玲全身心地将自己的精力投入到作品上，很少参加活动。张爱玲一直在追求金钱，不是因为爱金钱，而是实在不愿意被其所累。

然而，在3月13日，这个不经意的日子，张爱玲遇见了赖亚。文艺营里大家在聚会，各种艺术在这里互相碰撞。那一刻，赖亚正和大家举杯欢饮。

张爱玲初来乍到，没有特别熟悉的人。这里的东方人很少，来到这里还是怯生生。

张爱玲随便挑了一本杂志在沙发的角落里读了起来。其实，张爱玲已经注意到赖亚是个风度翩翩的人了，他是活跃的。

这时，赖亚也注意到张爱玲了，一个郁郁寡欢的东方女人。

“小姐，我以前好像没有见过你。”赖亚这个慈祥的老头儿，还是充满以往的热情。

“我从中国来！”张爱玲答道。简简单单，普普通通，只是因为在人群中多看了你一眼。

互相凝视，心生波澜，说不上来的感觉。

莫不是还是自己那一句：“于千万人之中遇见你所要

遇见的人，于千万年之中，时间的无涯的荒野里，没有早一步，也没有晚一步，刚巧赶上了，那也没有别的话可说，唯有轻轻地问一声：‘噢，你也在这里吗？’”

寻寻觅觅，那人却在灯火阑珊处。那一晚，张爱玲回到自己的工作室，说不上来什么心情。不是死了么？这又是为何？不过，想起这可爱的老头，还是只有恋爱时的那种感觉。想想，也是，他在这里竟然藏了这么多年。北国，胭脂。东方，奇葩。

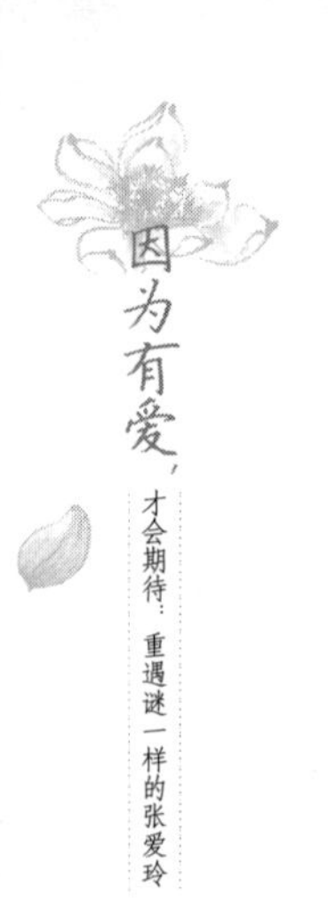

我愿意

【**爱玲说**】等待雨，是伞一生的宿命……

有时候，在遇见一个男子后全然不是自己所想，提前设计的千万重重，仿佛在他出现在你面前的那一刻，统统作废。任何理由都不成道理，任何道理都是枉然。

张爱玲就这样面对这样一个老头，心生欢喜。多久，没有的感觉了？

这个老头全名是甫德南·赖亚，1891年出生在美国费城一个德国的移民家庭。他的童年是在完全按照德国生活习惯的家庭中长大的。很小的时候德语便很流利。5岁时，随着父亲横穿大西洋去德国探亲。在孩提时代，这小男孩便表现出惊人的天赋，即兴赋诗不在话下。1908年，17岁的赖亚进入宾夕法尼亚大学学习文学专业。20岁以前，他就创作了不少诗，因为《莎乐美》诗剧，在文坛上颇负盛名。1912年，他便进入哈佛大学攻读文艺学硕士学位。1914年，因为一部《青春欲舞》的剧本，被乔治·贝克教授吸收到著名的研究所去。这部戏剧入选彼得堡召开的麦克道威尔戏剧节。同年夏天，他获得哈佛大学文艺硕士学位。之后，便由著名的伊丽莎白时代的学者威廉·尼尔逊教授推荐，在麻省理工学院开始教英语。

那时候的赖亚是个活泼的青年，很快，他厌烦了这种一成不变的生活。迷上了棒球和摄影。1914年，赖亚便离开大学，成为《波士顿邮报》驻欧洲的战地记者，报道第一次世界大战。之后，回到美国。他就住在纽约的格林威治村，开始过着自由撰稿人变幻不定的生活。在那里，他结识了很多这方面的大师。

1917年，赖亚一夜完成了一则短篇，并被当时颇负盛名的《星期六晚报》杂志刊登。同年的7月，他与吕培卡·赫威琪结婚。她是一个活跃的女权主义者，16岁的时候便加入到华盛顿为争取妇女投票权而进行的示威游行，曾经参加反对美国卷入第一次世界大战的游行。他们的性格非常相似，但对家庭组合而言是有害而无益的。

赖亚结婚时，父亲送他一笔钱作为贺礼，希望他好好装修一下房子。他却到纽约最豪华的饭店花了个精光。父母要来的时候，他只好把其他东西当了来做家具。

婚后，也是俩人各干各的，聚少离多。

1916年到1920年，赖亚写过各种文章发表在《新共和国》《哈泼氏》等杂志，及《星期六晚报》上，内容可谓包罗万象。

他显然是个理想主义者，他确信美国中西部是美国文化的中心地带，必将产生出伟大的作家来，同时忽视了制度上的缺陷，放眼于这个国家的过去以及未来。

1920年，他在《麦克劳氏杂志》连载了一篇《人、虎、蛇》的中篇小说，获得2000美元的稿酬。

这个外国男子，显然是放浪形骸，只把握当前生活。有了这笔稿费，他便去了欧洲，先后旅居在巴黎、柏林、英国以及土耳其，并有机会访问更多文学界具有成就的人，譬如庞德、福特等。

之后，赖亚一直保持着自己活跃的秉性。

1956年冬，赖亚申请来到麦克道威尔文艺营的居住机会。他那时候希望能抓住并不是很多的机会重振雄风，东山再起。

每个进步的人，只要活着，估计都有这种想法，而这个时候无论是哪个职业。

赖亚并不知道，自己在这里会有第二春的出现。在这里，他意外地遇见了一位东方女子——张爱玲。一个陪他走完余生的女子。第二天的晚上，张爱玲心里一直叨念着赖亚先生。已经饱经沧桑的张爱玲，自己也没想到怎么会对这个外国老头儿如此牵挂。

张爱玲的目光偷偷滑过大厅的每一张脸。可是，没有他，怎么没有他呢？他去了哪里？一个女人，在遇见自己心爱的男人的时候，总是潜意识表现出小女孩的幼稚。

张爱玲失望了，淡淡的忧愁。

“张爱玲小姐，晚上好！”张爱玲回头一看，赖亚这个风趣的老头正在自己的背后，面带微笑。

“你好，赖亚先生。”内心欢悦，外表矜持。东方女子特有的表现吧。

“叫我甫德吧，朋友们都这么叫我。你的英语说得很地道，你来美国很久了吗？”赖亚很关心地问道。

“不，来美国才半年。我一直都待在纽约。”

“是吗？”赖亚感到很惊讶，原以为这个中国女子来美国很久了。

两天以后，一年当中最猛烈的暴风雪来了。一夜之间，千树万树梨花开。整个世界银装素裹，天寒地冻，凛冽彻骨。张爱玲第一次感受到这种寒冷，这跟中国的冬季是有明显区别的，尤其是上海。艺术家们都挤到大厅来互相取暖。

上天仿佛在故意制造机会，真是讨厌呢。赖亚和张爱玲便坐在一起聊了起来，谈话内容渐渐多了。真是“相见恨晚”，颇有“酒逢知己千杯少”之意。各自听完各自的“传奇”，各自感慨“生命无常”。

在这异国的冬季，两个人的心越来越近，怕也是惺惺相惜吧。

他们的感情迅速发展。3月底，他们彼此到对方的工作室里面做客。4月1日，复活节。在用餐的时候，张爱玲把

自己的《秧歌》给赖亚看，希望得到他的指正。

大雪初晴的日子，赖亚轻轻推开张爱玲工作室的门。

“山舞银蛇，原驰蜡象。”赖亚和张爱玲在雪地里走着。赖亚取出那本《秧歌》。

“甫德，你不喜欢，是吗？”张爱玲小心翼翼问道。

“不，爱玲。没想到，你的文章写得那么漂亮。文笔又如此优美。”赖亚认真地看着张爱玲说。

“可是……”

“可是政治观点和艺术并没有什么必然的联系。”张爱玲从这老头眼睛里读到的满是真诚。

这对“璧人”在一块大石头上坐了下来。赖亚开始给爱玲讲他遇到的人儿，事儿。张爱玲听得真是饶有兴致，浑然不觉，暮色已至。

张爱玲觉得一股暖流在心间，干涸的心田正在被春的雨露慢慢融化。干净的雪地里，留下两个人轻轻浅浅的脚印。一个东方的，一个西方的，一直伸向远方。

4月终于到了，天气渐渐转暖。他们之间的关系更为亲密。因为这男子的出现，张爱玲的愁绪也便渐渐消散，脸上的笑容越来越多。他们常常饭后一起散步，彼此信任，无话不谈。

到了5月，他们的关系已经非常亲密，已经由量变到质变。5月12日，这男子的日记是这样写的：“去房中有同房之好。”

然而，因为现实，热恋中的他们不得不面对分别。

“执手相看泪眼，竟无语凝噎，念去去，千里烟波，暮霭沉沉楚天阔。”

张爱玲坚持要送赖亚去纽约州北部的耶多文艺营去。

自从跟胡兰成，这多情又滥情的男子分手之后，张爱玲自认为心如槁木。没想到，这么一个男子会让自己死灰复燃。新的生活，新的现实。

“此去经年，应是良辰好景虚设，便纵有千种风情，更与何人说？”

火车还没有来，他们像是恋爱中的新人，说了很多话。张爱玲还拿出一些现款给赖亚。赖亚不要，但还是被张爱玲的举动深深感动。

赖亚是个大江南北的人。可是，这次分别却带着无限的牵挂。

火车，就要出发了……

“再见，别忘了来信！”赖亚走了。张爱玲一个人落寞的身影，在忧伤……

赖亚在耶多文艺营的期限只有六个星期。期满以后，搬到萨拉托卡泉镇的罗素旅馆中去住。7月5日，收到爱玲的来信。

信中说：爱玲已怀上了他们的孩子。

虽然，赖亚也深爱着张爱玲，但是一谈到婚姻，赖亚总是顾虑重重。

这男子已经离婚三十来年，独来独往惯了，害怕伤害到张爱玲。再说，已经今非昔比，没有固定的收入，朝不保夕，能让自己心爱的女人幸福吗？

再三考虑，赖亚还是觉得自己应该负起责任来。这是一个男人的担当！于是，洋洋洒洒写下一封求爱信，他已经等不及了。

那时候，张爱玲也结束了在文艺营里的期限，并获准在10月份可以重返营地。这个时候，张爱玲暂时租住在纽约市W第99街一位营友罗丝·安德逊的公寓里。

两天之后，张爱玲亲自来到赖亚住的那个小镇。走在小镇的街上，古色古香的街灯独具韵味，张爱玲与赖亚聊了很久。赖亚再次向这怀了自己骨肉的美好的中国女子求婚。但是，赖亚坚决不要孩子。张爱玲最终还是听从赖亚的要求。赖亚心如明镜，自己走了，深爱的女子怎么抚养孩子呢？张爱玲其实是心痛的，但是出于现实，亦是无可奈何。为了再次获得的来之不易的爱，张爱玲面对自己的骨肉，只能深深地说一声："I'm sorry"。

此时，她是这般爱他。他亦是！血肉模糊，相逢恨晚。你怎么能让我等这么久呢？怎么能呢？

有很多人想不通他们的结合：

一个36岁，一个65岁。

一个中国女人，一个美国男人。

一个用钱精明，一个出手大方。

一个孤寂封闭，一个交友甚广。

一个喜欢大都市的繁闹，一个喜欢小乡镇的恬静。

一个出身于破落的名门大户，一个出身于德国中产移民。

若要从文学风格说来，张爱玲的作品以一种她独具的犀利眼界，又以她特有的空灵剔透的语句，把人性的最深处细细地翻出来描写，即便血色浓浓，也显得某种淡淡的凄美。读她的东西，不是像读别人的一些作品，只从眼睛穿过，而是从灵魂穿过。而赖亚的作品则洋溢着为大众而追求理想社会的浪漫色彩。于是，好事的人们便从不同的角度来分析。

“心理主义者”认为，她幼年过早丧父，从心灵深处渴望一种父亲般的亲情之爱，这也是当年为什么嫁给大她十多岁的胡兰成的原因之一，而她似乎从来没有对与她年龄相配的男人或年轻男人发生过兴趣，但她没有想到赖亚伤残中风，情况恶化，以后反而需要她的关怀和爱护。

“功利主义者”认为，她把赖亚误认作一个能帮助她打入主流英文文学世界的导师，而并不了解他在文坛上的地位并不高，而且自身的发展都很有限，甚至在走下坡路，不断为自己的生存而挣扎，很难在事业上有什么实质的提携。

“文化主义者”认为，她对发生在故土上的那场婚姻中受到伤害，对造成这种伤害的整个社会文化背景，以及

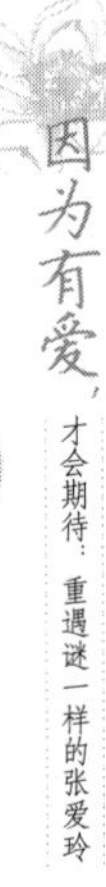

在这种背景下的性关系、性观念产生了叛逆，甚至从一定意义上说，她因不忠的丈夫，对中国男人已失望，唯有洋人才能从另一个层面满足她的精神需要，而她没有想到这种异族通婚是会有代价的。

“经济主义者”认为，她孤身一人漂泊异国他乡，举目无亲，寂寞苦闷，自然需要依靠男人，而赖亚则是第一个从精神等各方面关怀她的男性，理所当然就成了她首先择偶的对象。当时，她在文艺营，虽有免费食宿，却无点滴薪水，况且只能停留三个月，今后的去向一片茫然，而她却没有清醒地想到，赖亚的经济十分窘困，有上一顿没有下一顿，反而后来需要她的倒贴。

“政治主义者”认为，她来到一个她所向往的民主自由的社会，但她本人却对政治一无所知也不感兴趣，故把这个社会制度下第一个能得到感应的美国男人当作理想化男人的化身，赖亚恰好担任了这个使命。在20世纪50年代，一般的美国男人的种族主义观念相当深，也只有像赖亚这样具有真诚社会主义信念、主张社会平等的理想主义者才会对一个东方女人有更多的欣赏和尊敬。从另一方面讲，在资本主义的美国，具有这种理想主义的人是不会很得志的。

然而，就是这样两个人恋爱了，并且结了婚。不为任何目的，只是在恋爱着，到结婚。

1956年8月14日，赖亚和张爱玲终于在纽约举行了应有的婚礼。这次又是炎樱作证，不知道炎樱看见自己这位好友的坎坷情路，该是怎么理解呢？

想想，让人真的想流泪呢。

之后，有一个简短的“蜜月旅行”。张爱玲寻寻觅觅三十来年，终于有一种“归家”的感觉。尽管这个家只是租来的。可是，真正的家的含义不应该是哪里有爱，哪里就是家吗？对于张爱玲来说，这一天等得太久太久了……

缘分是什么？读得不经意就错过了，读得太深便会流泪，而他们的这一次是恰恰好。

当时，赖亚已经65岁了，爱玲36岁，与赖亚的女儿的年龄相仿。可是，在爱情中有年龄界限吗？

张爱玲终于暂时寻得一处宁静，而这一切是这异国男子给的。张爱玲很是感激。赖亚也是感激。这样的组合，让两个这样的人重获新生。想想其中的疑问，我们已经没必要去了解，送上一份祝福，愿天下有情人终成眷属。

后语——忘不了的画

有些图画是我永远忘不了的，其中只有一张是名画，高更的《永远不再》。一个夏威夷女人裸体躺在沙发上，静静听着门外的一男一女一路说着话走过去。门外的玫瑰红的夕照里的春天，雾一般地往上喷，有升华的感觉，而对于这健壮的，至多不过三十来岁的女人，一切都完了。女人的脸大而粗俗，单眼皮，她一手托腮，把眼睛推上去，成了吊梢眼，也有一种横泼的风情，在上海的小家妇女中时常可以看到的，于我们颇为熟悉。身子是木头的金棕色。棕黑的沙发，却画得像古铜，沙发套子上现出青白的小花，螺钿样地半透明，嵌在暗铜背景里的户外天气则是彩色玻璃，蓝天，红蓝的树，情侣，石栏杆上站着童话里的稚拙的大鸟。玻璃，铜，与木，三种不同的质地似乎包括了人手扪得到的世界的全部，而这是切实的，像这女人。想必她曾经结结实实恋爱过，现在呢“永远不再了”，虽然她睡的是文明的沙发，枕的是柠檬黄花布的荷叶边枕头，这里面有一种最原始的悲怆。不像在我们的社会里，年纪大一点的女人，如果与情爱无缘了还要想到爱，一定要碰到无数小小的不如意，龌龊的刺恼，把自尊心弄得千疮百孔，她这里的却是没有一点渣滓的悲哀，因为明净，是心平气和的，那木木的棕黄脸上还带着点不相干的微笑。仿佛有面镜子把户外的阳光迷离地反映到脸上来，一晃一晃。

美国的一个不甚著名的女画家所作的《感恩节》，那却是绝对属于现代文明的。画的是一家人忙碌地庆祝感恩节，从电灶里拖出火鸡，桌上有布丁，小孩在桌肚下乱钻。粉红脸、花衣服的主妇捧着大叠杯盘往饭厅里走，厨房砖地是青灰的大方块，青灰的空气里有许多人来回跑，一阵风来，一阵风去。大约是美国小城市里的小康之家，才做了礼拜回来，照他们垦荒的祖先当初的习惯感谢上帝给他们一年的好收成，到家全都饿了，忙着预备这一顿特别丰盛的午餐。但虽是这样积极的全家福，到底和从前不同，也不知为什么，没那么简单了。这些人尽管吃喝说笑，脚下仿佛穿着雨中踩湿的鞋袜，寒冷，粘搭搭。活泼唧溜的动作里有一种酸惨的铁腥气，使人想起下雨天走得飞快的电车的脊梁，黑漆的，打湿了，变了很淡的钢蓝色。

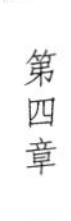

叫做《明天与明天》的一张画，也是美国的，画一个妓女，在很高的一层楼上租有一间房间，阳台上望得见许多别的摩天楼。她手扶着门向外看去，只见她的背影，披着黄头发，绸子浴衣是陈年血迹的淡紫红，罪恶的颜色，

然而代替罪恶，这里只有平板的疲乏。明天与明天……丝袜溜下去，臃肿地堆在脚踝上；旁边有白铁床的一角，邋遢的枕头、床单，而阳台之外是高天大房子，黯淡而又白浩浩，时间的重压，一天沉似一天。

画娼妓，没有比这再深刻了。此外还记得林风眠的一张，中国的洋画家，过去我只喜欢一个林风眠。他那些宝蓝衫子的安南、缅甸人像，是有着极圆熟的图案美的。比较回味深长的却是一张着色不多的，在中国的一个小城，土墙下站着个黑衣女子，背后跟着鸨妇。因为大部分用的是淡墨，虽没下雨而像是下雨，在寒雨中更觉得人的温暖。女人不时髦，面目也不清楚，但是对于普通男子，单只觉得这女人是有可能性的，对她就有点特殊的感情，像孟丽君对于她从未见过面的未婚夫一样的，仿佛有一种微妙的牵挂。林风眠这张画是从普通男子的观点去看妓女的，如同鸳鸯蝴蝶派的小说，感伤之中不缺少斯文扭捏的小趣味，可是并无恶意，普通女人对于娼妓的观感则比较复杂，除了恨与看不起，还又有羡慕着，尤其是上等妇女，有其太多的闲空与太少的男子，因之往往幻想妓女的生活为浪漫的。那样的女人大约要被卖到三等窑子里去才知道其中的甘苦。

日本美女画中有著名的《青楼十二时》，画出艺妓每天二十四个钟点内的生活。这里的画家的态度很难得到我们的了解，那倍异的尊重与郑重。中国的确也有苏小妹、董小宛之流，从粉头群里跳出来，自处甚高，但是在中国这是个性的突出而在日本就成了一种制度——在日本，什么都会成为一种制度的。艺妓是循规蹈矩训练出来的大众情人，最轻飘的小动作里也有传统习惯的重量，没有半点游移。《青楼十二时》里我只记得丑时的一张，深宵的女人换上家用的木屐，一只手捉住胸前的轻花衣服，防它滑下肩来，一只手握着一炷香，香头飘出细细的烟。有丫头蹲在一边伺候着，画得比她小许多。她立在那里，像是太高，低垂的颈子太细、太长，还没踏到木屐上的小白脚又小得不适合，然而她确实知道她是被爱着的，虽然那时候只有她一个人在那里。因为心定，夜显得更静了，也更悠久。

这样地把妓女来理想化了，我能想到的唯一解释是日本人对于训练的重视，而艺妓，因为训练得格外彻底，所以格外接近女性的美善的标准。不然我们再也不能懂得谷崎润一郎在《神与人之间》里为什么以一个艺妓来代表他的“圣洁的Madonna”。

说到欧洲的圣母，从前没有电影明星的时候，她是唯一的大众情人，历代的大美术家都替她画过像。其中有这样的画题：“有着无瑕的子宫的圣母。”从前的Oomph Girl等于现在的Womb Girl。但现代的文明人到底拘谨得多。绝对不会那么公然地以“无瑕的子宫”为号召了。

欧洲各国的圣母，不论是荷兰的，丝丝缕缕披着稀薄

的金色头发，面容长而冷削，金的，玉的，寂寞的，像玛琳黛德丽；还是意大利的，农田里的，摆水果摊子的典型，重重的青黑的眉眼，多肉，多娇；还是德国的，像是给男人打怕了的，凸出了淡蓝的大眼睛，于惊恐中生出德国人特别喜欢的那种活泼婀媚；美的标准不同，但是宗教画家所要表现的总是一个天真的乡下姑娘，极度谦卑，然而因为天降大任于身，又有一种新的尊贵，双手捧了皇儿，将来要以他的血来救世界，她把他献给世界。画家无法表现小儿的威权智慧，往往把他画成了一个满身横肉的、老气的婴孩。有时候他身上覆了轻纱，母亲揭开纱，像是卖弄地揭开了贵重礼物的盒盖。有时候她也逗着他玩，或是温柔地凝视着怀中的他，可是旁边总仿佛有无数眼睁睁的看戏的。

单只为这缘故我也比较喜欢日本画里的《山姥与金太郎》，大约是民间传说，不清楚两人是否母子关系，金太郎也许是个英雄，被山灵抚养大的。山姥披着一头乱蓬蓬的黑发，丰肥的长脸，眼睛是妖淫的，又带着点潇潇的笑，像是想得很远很远；她把头低着，头发横飞出去，就像有狂风把漫山遍野的树木吹得往一边倒。也许因为倾侧的姿势，她的乳在颈项底下就开始了，长长地下垂，是所谓“口袋奶”，蟹壳脸的小孩金太郎偎在她胸脯上，圆睁怪眼，有时候也顽皮地用手去捻她的乳头，而她只是不介意地潇潇笑着，一手执着描了花的拨浪鼓逗着他，眼色里说不出是诱惑，是卑贱，是涵容笼罩，而胸前的黄黑的小孩子强凶霸道之外，又有大智慧在生长中。这里有母子，也有男女的基本关系。因为只有一男一女，没人在旁看戏，所以是正大的，觉得一种开天辟地之初的气魄。

由此我又想到拉斐尔最驰名的圣母像，The Sistine Madonna抱着孩子出现在云端，脚下有天使与下跪的圣徒。这里的圣母最可爱的一点是她的神情，介于惊骇与矜持之间，那骤然的辉煌。一个低三下四的村姑，蓦地被提拔到皇后的身份，她之所以入选，是因为她的天真、平凡，被抬举之后要努力保持她的平凡，所以要做戏了。就像在美国，各大商家选举出一个典型的“普通人”，用他做广告：“普通人先生”爱吸××牌香烟，用××牌剃刀，穿××牌雨衣，赞成罗斯福，反对女人太短的短裤。举世瞩目之下，普通人能够普通到几时？这里有一种寻常中的反常，而山姥看似妖异，其实是近人情的。

超写实派的梦一样的画，给我印象最深的是一张无名的作品，一个女人睡倒在沙漠里，有着埃及人的宽黄脸，细瘦玲珑的手与脚；穿着最简单的麻袋样的袍子，白地红条，四周是无垠的沙；沙上的天，虽然夜深了还是淡淡的蓝，闪着金的沙质。一只黄狮子走来闻闻她，她头边搁着乳白的瓶，想是汲水去，中途累倒了。一层沙，一层天，人身上压着大自然的重量，沉重清净地睡，一点梦也不做，而狮子咻咻地来嗅了。

题名作《夜的处女》的一张，也有同样的清新的恐怖气息。四个巨人，上半身是犹太脸的少女，披着长发，四人面对面站立，突出的大眼睛静静地互相看着，在商量一些什么。脚下的圆白的石块在月光中个个分明，远处有砖墙，穹门下恍惚看见小小的一个男子的黑影，像是生魂出窍——就是他做了这梦。

中国人画油画，因为是中国人，仿佛有便宜可占，借着参用中国固有作风的借口，就不尊重西洋画的基本条件。不取巧呢，往往就被西方学院派的传统拘束住了。最近看到胡金人先生的画，那却是例外。最使我吃惊的是一张白玉兰，土瓶里插着银白的花，长圆的瓣子，半透明，然而又肉嘟嘟，这样那样伸展出去，非那么长着不可的样子；贪欢的花，要什么，就要定了，然而那贪欲之中有喜笑，所以能够被原谅，如同青春。玉兰丛里夹着一枝迎春藤，放烟火似的一路爆出小金花，连那棕色茶几也画得有感情，温顺的小长方，承受着上面热闹的一切。

另有较大的一张，也是白玉兰，薄而亮，像玉又像水晶，像杨贵妃牙痛起来含在嘴里的玉鱼的凉味。迎春花强韧的线条开张努合，它对于生命的控制是从容而又霸道的。两张画的背景都是火柴盒反面的紫蓝色。很少看见那颜色被运用得这么好的。

叫做《暮春》的一幅画里，阴阴的下午的天又是那闷蓝。公园里，大堆地拥着绿树，小路上两个女人急急走着，被可怕的不知什么所追逐，将要走到更可怕地方去。女人的背影是肥重的，摇摆着大屁股，可是那俗气只有更增加了恐怖的普照。

文明人的驯良、守法之中，时而也会发现一种意想不到的，怯怯的荒寒。《秋山》又是恐怖的，淡蓝的天，低黄的夕照。两棵细高的白树，软而长的枝条，鳗鱼似的在空中游，互相绞搭，两个女人缩着脖子挨得紧紧地急走，已经有冬意了。《夏之湖滨》，有女人坐在水边，蓝天白云，白绿的大树在热风里摇着，响亮的蝉——什么都全了，此外好像还多了一点什么，仿佛树荫里应当有个音乐茶座，内地初流行的歌，和着水声蝉声沙沙而来，粗俗宏大的。

《老女仆》脚边放着炭钵子，她弯腰伸手向火，膝盖上铺着一条白毛毡，更托出了那双手的重拙辛苦。她戴着绒线帽，庞大的人把小小的火四面八方包围起来，微笑着，非常满意于一切。这是她最享受的一刹那，因之更觉得惨了。

有一张静物，深紫褐的背景上零零落落布置着乳白的瓶罐、刀、荸荠、蔚菇、紫菜苔、篮、抹布。那样的无章法的章法，油画里很少见，只有17世纪中国的绸缎瓷器最初传入西方的时候，英国的宫廷画家曾经刻意模仿中国人画“岁朝清供”的作风，白纸上一样一样物件分得开开的。这里的中国气却是在有意无意之间。画面上紫色的小

浓块，显得丰富新鲜，使人幻想到“流着乳与蜜的国土”里，晴天的早饭。还有《南京山里的秋》，　条小路，银溪样地流去；两棵小白树，生出许多黄枝子，各个抖着，仿佛天刚亮。稍远还有两棵树。一个蓝色，一个棕色，潦草像中国画，只是没有格式。看风景的人像是远道而来，喘息未定，蓝糊的远山也波动不定。因为那倏忽之感，又像是鸡初叫，席子嫌冷了的时候的迢遥的梦。

第五章

百年孤寂

导言——迟暮

多事的东风，又冉冉地来到了人间，桃花支不住红艳的酡颜而醉倚在封姨的臂弯里，柳丝趁着这风力，俯下了腰肢，搔着行人的头发，成团的柳絮，好像春神足下坠下来的一朵朵轻云，结了队儿，模仿着二月间漫天舞出轻清的雪，飞入了处处帘栊。细草芊芊的绿茵上，沾濡了清明的酒气，遗下了游人的屐痕车迹。一切都兴奋到了极点，大概有些狂乱了吧？——在这缤纷繁华目不暇接的春天！

只有一个孤独的影子，她，倚在栏杆上；她的眼，才从青春之梦里醒过来的眼还带着些蒙眬睡意，望着这发狂似的世界，茫然得像不解这人生的谜。她是时代的落伍者了，在青年的温馨的世界中，她在无形中已被摈弃了，她再没有这种资格、这种心情，来追随那些站立时代前面的人们了！在甜梦初醒的时候，她所有的唯有空虚，怅惘；怅惘自己的黄金时代的遗失。

咳！苍苍者天，既已给予人们的生命，赋予人们创造社会的青红，怎么又吝啬地只给我们仅仅十余年最可贵的稍纵即逝的创造时代呢？这样看起来，反而是朝生暮死的蝴蝶为可羡了。它们在短短的一春里尽情的酣足的在花间飞舞，一旦春尽花残，便爽爽快快的殉着春光化去，好像它们一生只是为了酣舞与享乐而来的，倒要痛快些。像人类呢，青春如流水一般的长逝之后，数十载风雨绵绵的灰色生活又将怎样度过？

她，不自觉地已经坠入了暮年人的园地里，当一种暗示发现时，使人如何的难堪！而且，电影似的人生，又怎样能挣扎？尤其是她，十年前痛恨老年人的她！她曾经在海外壮游，在崇山峻岭上长啸，在冻港内滑冰，在厂座里高谈。但现在呢？往事悠悠，当年的豪举都如烟云一般霏霏然地消散，寻不着一点的痕迹，她也已唯有付之一叹，青年的容颜、盛气，都渐渐地消磨去。她怕见旧时的挚友。她改变了容貌、气质，无非添加他们或她们的惊异和窃议罢了。为了躲避，才来到这幽僻的一隅，而花、鸟、风、日，还要逗引她愁烦。她开始诅咒这逼人太甚的春光了…… 灯光绿黯黯的，更显出夜半的苍凉。在暗室的一隅，发出一声声凄切凝重的磬声，和着轻轻的喃喃的模模糊糊诵经声，“黄卷青灯，美人迟暮，千古一辙”。她心里千回百转的想，接着，一滴冷的泪珠流到嘴唇上，封住了想说话又说不出的颤动着的口。

与子便偕老

【爱玲说】曾经，我最爱的人对我说："我爱你像大海一样深，像山峰一样高，像星星一样多……"可到最后只剩下无尽的伤痛和遗憾。现在，爱我的人却很少跟我说这些甜言蜜语，只记得我穿新鞋打脚，磨破了皮，他会买来创可贴帮我贴上；我不小心从楼梯上滚落下来，他会心疼得要命，一个劲怪自己没有去扔垃圾，以至现在每次下楼，他都会很小心地护着我……爱我的人也曾跟我说过："爱可以是惊涛骇浪，但爱更要绵亘悠远！"当时我不信，现在，我信了。

蜜月完之后，总要面对现实。最浪漫的就是将每一天好好地度过。

1956年10月，张爱玲和自己的丈夫赖亚，又回到麦克道威尔文艺营来工作。文人就算再辉煌，再遇见喜事，转过身，还是继续自己的创作。

时月已经是深秋，深秋的时候，这里是一派田园牧歌的景象。这也是值得他们纪念的地方。然而，赖亚到底是老人，不久之后，便中风了。

这次疾病，使得这个开朗的老头变得十分虚弱，不能正常创作了，连几十年一直坚持着的写日记的习惯一时间也无法正常进行，只能凭借一时得来的经历，简短写上一小段。真是让人悲伤。

张爱玲黯然泣下，感慨自己命运的不顺。命运为何总是喜欢跟自己开玩笑？难道真的是“女子无才便是德”？难道自己从刚刚成年开始追求纯粹的爱情就是一个错误吗？难道真的是“自古红颜多薄命”？为什么斗得过所有的人，斗不过的却是命呢？

男人病倒了，张爱玲的心情是沮丧的，孤独无助再次向自己袭来。张爱玲常常深夜守在丈夫的床前，默默祈祷：“甫德，你要好起来！你要好起来！”真是无语问苍天呐！

夜深的时候，赖亚从昏睡中醒来，看见张爱玲，多是心疼。我拿什么来爱你，我的小爱玲呢？如果上天真的非要用我这条老命来换你一生幸福，我宁愿现在与天进行交换。人说，最浪漫的事儿是和你一起慢慢变老。可是，可是……

终于，还是上帝开眼了，怎么忍心呢？几个星期之后，赖亚的身体慢慢恢复起来，午后或者黄昏，张爱玲搀

扶着赖亚出去散步。由于拖着身体，赖亚走得很慢，张爱玲满是幸福，仍是感激，感激他让这爱重见天日！

夕阳慢慢蜷缩了起来，晚秋的风，吹得落叶飘飘而下。张爱玲轻轻接住一片落叶，慢慢抚摸它干枯的茎脉，说道："甫德，我真害怕，有一天你会离我而去。你不知道，你病倒在床上那些天，我的心里有多么恐惧。"张爱玲看着自己心爱的男人，眸子里充满了深深的忧伤，直诉衷肠，"你若是走了，我的故事就真的完了……世人都说我们是不伦恋情。可是留得你一晚，骨骼都相缠。人世的流言，谁爱谁评断。生死有何难？谁都别来管。若是没有你，我苟延残喘。"

"爱玲，相信我，我会坚持住的。为了我们的将来，我绝不会离开你的。"赖亚说着，不禁老泪纵横。满满是心疼，心疼自己心爱的东方女子。还是东方的诗词说得好："寒蝉凄切，对长亭晚，骤雨初歇。都门帐饮无绪，留恋处，兰舟催发。执手相看泪眼，竟无语凝噎。念去去，千里烟波，暮霭沉沉楚天阔。多情自古伤离别，更那堪冷落清秋节！今宵酒醒何处？杨柳岸、晓风残月。此去经年，应是良辰好景虚设。便纵有千种风情，更与何人说？"

手握手，紧紧的。天边，夕阳沉醉了……

到了10月底，赖亚的身体已经基本康复了。然而，隆冬季节，老年人特别爱发病。12月19日，赖亚的病又一次复发，脸部麻痹，几乎失去声音。

张爱玲又一次惶恐起来，心里默念道：“赖亚，赖亚，你一定要撑住。哪怕你什么都不做，只要能看到你，我便心满意足，真的心满意足……”

几天之后，圣诞节来临。那天雪下得格外大，张爱玲一早便就出去采购了。赖亚挣扎着想帮张爱玲做点事儿。张爱玲做了几道拿手的中国菜，轻轻许下自己的愿望：希望自己心爱的男人来年身体健康。之后，看着床榻上的赖亚，张爱玲的泪水还是在眼眶里不停地打转儿。

在妻子张爱玲的悉心照顾之下，赖亚很快又好起来了。1957年1月20日，这美国男人已经能够出远门看自己的朋友，还可以去购物了，又恢复了往日的生机。

1月23日，他和张爱玲一起又返回了文艺营。接下来，张爱玲将自己的《赤地之恋》翻译成了英文。3月13日将稿件打印成稿寄往纽约。

担心什么？在当时张爱玲看来，最担心的就是丈夫的身体。她真的非常害怕男人会离去。

张爱玲常常伤怀，赖亚终有一天会病倒，会离自己而去，想想自己的男人会走，而且是永远的，便难过得要命。然后，就是经济上的沉重压力。在文艺营里，有免费的食宿，但是是没有报酬的。赖亚虽然还雄心勃勃，可由于身体的原因都无法付诸行动。他因为这个女人而充满力量，但身体机能确实不听话。张爱玲这个曾经在很早的时

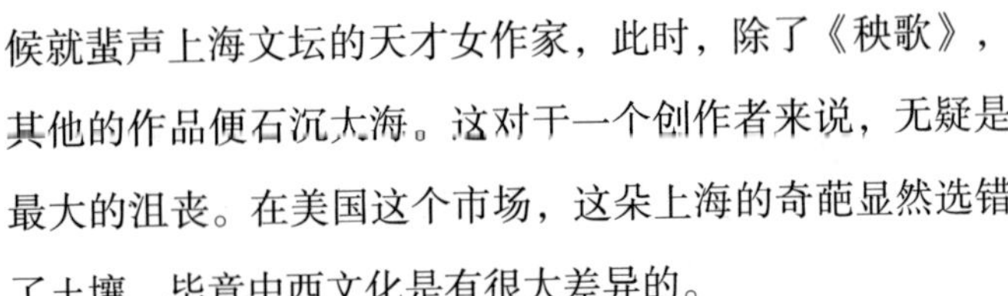

候就蜚声上海文坛的天才女作家，此时，除了《秧歌》，其他的作品便石沉大海。这对于一个创作者来说，无疑是最大的沮丧。在美国这个市场，这朵上海的奇葩显然选错了土壤，毕竟中西文化是有很大差异的。

在麦克道威尔文艺营的期限到4月份结束。在此之前，他们曾想办法申请去别的文艺营，但是都遭到拒绝。也是累了，总得找一处，暂时歇息了。

不久，赖亚就在彼得堡松树街25号找到一处带家具的出租公寓。这是一幢三层楼的公寓，他们住在三层。不过，日常生活却是非常方便的。只是，每个月61美元的租金对于他们当时的收入来说，还是有些贵了。除了家具，他们还得添置一些生活用品。这里的东西，像是闲散的安置，总是要你努力去淘，好在也是有意外惊喜的。

所谓“贫贱夫妻百事哀”。张爱玲虽过得凄苦，但是，终于有自己的家了，心里还是非常开心的。

以前的大小姐，现在为了这个家，愿意付出一切。

因为他们租的房子是旧公寓，常常能发现蚂蚁。这令张爱玲十分懊恼，她常常拿着杀蚁剂来喷洒。因此，赖亚还专门开玩笑给她取了个绰号叫“杀蚁刺客”。

小镇的生活宁静、温馨。

张爱玲是个夜猫子。说实话，这夜猫子也只有自己叫了。

赖亚生活正常。为了让爱玲专心工作，赖亚做着大部分家务。

就这样，也就这样。两个人温馨度日，贫贱生活。换了多少个信仰，走了多少个旅馆，终于，用美好青春换来一个老伴。

赖亚第一次发现平凡的生活竟是如此温馨与幸福，他们常常“红袖添香夜读书”。

赖亚先生，你感觉到了吗？好书，佳人，红烛，真是夫复何求？美哉！美哉！

因为两个人都写过剧本，所以都很爱看电影。镇上的小小影院，他们成了常客。那时候，张爱玲的《秧歌》在哥伦比亚广播公司的节目中播出，可惜制作粗糙，令人失望。

1957年5月的时候，张爱玲得知司克利卡纳公司不准备选用自己的《粉泪》，这对她的打击太大了，以至于卧床不起。之后，赖亚多次宽慰，张爱玲终于重振旗鼓，写出《情场如战场》《人财两得》《六月新娘》《桃花运》《小女儿》《南北一家亲》等，当然这大都只是为了赚稿酬。因为宋淇的极力推荐，她的稿酬是很高的，每篇800到1000美元，她也是非常感激这老朋友的。

7月中旬，张爱玲和赖亚进行了一次波士顿之行。张爱玲向来喜欢大都市的繁华，她希望有一天可以搬进大都市。

8月中旬，张爱玲收到一封加急电报，说是母亲病情严重，必须手术。

终归是，骨肉亲情。爱玲的手在颤抖，母亲的影响又依稀浮现在自己的脑海中。还是那么美丽，那么高贵。1936年母亲在马来西亚买了一铁箱绿色的蛇皮，准备做皮包皮鞋，珍珠港事件之后逃到印度，做过尼赫鲁两个姐姐的秘书；1948年，在马来西亚侨校教过半年书，最后定居伦敦。1951年，下工厂做女工。母亲是命苦的，一切努力似乎都是徒劳，主要收入是变卖自己家底的几个古董。

张爱玲想到母亲，也想到自己，真是基因的不变性。

她相信母亲是能挺过这一关的，写了一封信并且附上100美元的支票寄往英国。可惜的是，手术不久，这个美丽的女人，便与世永别。

母亲留给张爱玲的是一只装满古董的箱子。睹物思人，真是悲凉。可是，一箱子古董，对于他们捉襟见肘的生活无疑是一笔“横财”。每每变卖里面的东西，张爱玲的心总是阵阵剧痛。

逝者如斯夫，1958年的春天如期而至。春天，是充满希望的季节。张爱玲开始为他们设计宏伟蓝图，她想搬到大都市里去，总觉得是地域问题，限制了自己的作品。然而，赖亚已经风烛残年，更喜欢安宁的小镇。

有一天，一早醒来，张爱玲哭了。她泪流满面地告诉自己的丈夫，她梦见一个杰出的中国作家，成就非常大，觉得自己很丢人。

妻子的心情，赖亚是全然通透的。张爱玲二十几岁就在上海文坛横空出世，然而来美国三年却屡遭退稿，心理落差不是常人所能接受的。这一刻，为了心爱的女人，赖亚决定和张爱玲搬到大城市里面去。于是，他们向南加州的亨廷顿·哈特福基金会提出申请。不久之后，便获得批准。新的蓝图，新的生活，向前冲！

时光推移，感情日渐笃深。在赖亚面前，张爱玲更多地散发着东方女性的温柔贤淑，也许是岁月沧桑，张爱玲的冷酷越来越不见了痕迹。

每次赖亚发病，张爱玲总是细心照顾，还给赖亚做中国菜。她感激，感激这异国丈夫为自己做的一切，包括支持。

赖亚也越来越离不开妻子。终于，他还是禁不住说出："娶到你，是我今生最大的福分。"这时候，赖亚不管不顾，要立遗嘱，将自己的全部财产留给自己心疼的女人——张爱玲。

赖亚总是不太清楚张爱玲的生日具体是哪一天，因为张爱玲的生日和很多中国人一样惯用阴历，而赖亚喜欢用阳历。

终于有一次，赖亚总算弄清了爱玲的生日是9月30日。他特意记下这个重要的日子，希望自己给心爱的妻子一个快乐的生日。

吃过午饭之后，赖亚拿出准备好的生日蛋糕和一束红色的玫瑰送给她。"亲爱的，祝你生日快乐！祝我们

的爱情天天美丽！”张爱玲先是愣了一下，之后还是满满的感动。雨后的秋天，格外清明。张爱玲和赖亚踏着落叶的小道，感受天地神秘的旋律，安详、惬意。他们很享受现在其乐融融的小日子。回到家里，赖亚又做了好吃的。临睡之前，张爱玲告诉赖亚，这是自己38年以来，最快乐也最难忘的一个生日。

终于，在10月中旬，他们搬到了申请的地方。一切顺风顺水，好不叫人欢喜呢。

在这里，他们待了大概半年的时间。从住所可以俯瞰整个太平洋，好莱坞影视城就坐落在洛杉矶的比佛利山上。好莱坞是一个纸醉金迷，缺乏感情，容易遗忘，让人伤怀的地方。想想当年，赖亚“千斤散尽还复来”。知名青年剧作家，是很多导演的座上宾。可是，时光递转，他们都以冷漠对之。

岁月，真是一把杀猪刀，什么都杀。

他们到百货公司，囊中羞涩，售货员也轻视。赖亚真是悔恨起自己当年不攒钱财的行为。当然更多的是感受，世态炎凉……这个文艺营里的气氛比麦克道威尔文艺营要更加轻松活跃一些。赖亚还是和以前一样喜欢社交，热情好客。张爱玲还是不太喜欢交际。天性所致。

有一次，赖亚走进张爱玲的书房，特意神秘地对她说：“爱玲，外面来了我们的一位老朋友，你出来见一下吧。”

张爱玲不去，就是不去。

赖亚终于忍耐不住："你知道吗？那位朋友是一只山羊。"张爱玲一听，甚是欢喜，快乐地跑到客厅，轻轻抚摸山羊的头，就像一个不谙世事的小姑娘。赖亚觉得无奈又可爱。

1959年的2月，文艺营的期限满了以后，他们将家安在了旧金山。旧金山，一个美丽的滨海城市。渔人码头十分热闹，唐人街的夜晚也十分热闹。其实，想想也就是很多人的评价一般，"美国所有的地方都千篇一律，只有旧金山例外。"日后，就是生活了，张爱玲和赖亚都尽了自己最大的努力。

渐渐的，在这座城市，他们有了各自的好朋友。赖亚跟一位叫约·培根的画家在一起，游遍了旧金山的街头巷尾。张爱玲则与一位研究艺术的美国女子爱丽丝·琵瑟成了很好的朋友。少女时代的张爱玲就非常喜欢美术，对颜色非常敏感。因此对爱丽丝的画作十分欣赏。

一个男人与一个男人的友好；一个女人与一个女人的友善。男人，女人；赖亚，爱玲。他们在这里过着神仙眷侣的生活，仿佛比那隔世的桃花源还美呢。

12月中旬的时候。好朋友炎樱给爱玲来信，说是《粉泪》没有被出版商接受，并且深表同情。作为一个职业写作人还是戳到了痛处。真的是，"千里马常有，而伯乐不常有"。

1960年，炎樱在信中说自己已经结婚，去日本的途中经过旧金山，将会来拜访。然而，还是被炎樱放鸽子了，张爱玲真是心痛。“多情自古是无情。”有几个人能懂得呢？

1960年7月，张爱玲克服各种各样的麻烦，终于获得美国公民的身份。当真正成为一个美国人，谁知道她血管里流的是正宗的中国人的鲜血？这一年，张爱玲是担惊受怕的，赖亚的年龄越来越大，身体越来越差。张爱玲充当了护士、保姆和妻子的角色。

1961年3月的下旬，炎樱来信说是自己回来经过旧金山。张爱玲当然万分欣喜，左等右等，还是没见人影儿。然而，门铃响起，张爱玲又惊又喜，戏称炎樱是：“从天而降。”炎樱还是那么快乐，还是那么活泼。张爱玲真是喜欢，毕竟与活泼的人在一起，总是能够让自己也变得那么高兴。

张爱玲一直酝酿着一个计划——回香港，为了发展自己的事业。张爱玲觉得那是自己的土壤，中国是自己的土壤。在计划还没有成熟之前，张爱玲不会对任何人讲起，包括赖亚。终于，机会来了，张爱玲走是一定要走的。

“爱玲，我决不能让你走！我离不开你的。”赖亚乞求道。此时，他刚刚大病初愈。

张爱玲这样的女子决定了的事情是没法改变的。她想尽各种办法最终还是说服了赖亚。自己走后，赖亚怎么办呢？该托付给谁呢？当然是他的女儿——霏丝。

接下来的日子，大家都在各自忙碌。张爱玲对前途充满信心；赖亚觉得英雄老去，黯然神伤。

张爱玲走的那天，赖亚非常悲伤，他觉得可能是他们见的最后一面。“此去经年，应是良辰美景虚设。”

1961年的秋天，张爱玲来到了台湾，是为了一个剧本看外景，然后就是对张学良进行材料的收集。张爱玲来到台北，住在了麦加锡的家里，那是一座很大的别墅。麦加锡知道很多大学生比较喜欢张爱玲，便做了这样一个见面的安排。席中间一位太太猜测道：“我们大家都没有见过张爱玲，大家来想想她是什么样子。我曾经问过麦加锡先生，他说张爱玲很胖很邋遢。究竟有多胖多邋遢？”听后，大家便觉得大失所望。

此时，张爱玲出现了，大家眼前一亮，哪里是邋遢？干干净净、高高瘦瘦，而且一点儿都不胖。虽不是绝世美女，但是也着实算得上极品美女。当事人，曾经这样回忆：“她很少说话，说话很轻。讲英语，语调是慢慢的。”

之后，有一次她从别人那里听到自己的丈夫赖亚先生病了，突然中风，在当地一家医院中昏迷过去。霏丝得知后赶到比弗福尔斯，然后将他接到华盛顿的家里。

“那他现在怎么样了呢？”张爱玲在深深地牵挂着丈夫。可是，尽管如此，自己是不能回去的，因为在这儿还没有赚到钱呢。她只有在心里默默念叨：亲爱的，你一定要好，一定要好好的。之后，张爱玲又到了香港。

香港还是昔日的香港，只是物是人非。“老大冒”招牌下的面包里，已经没有当年上海滩的味道；青岛咖啡馆里已经无法体会到当年优雅的情调。真正是：“景如旧，人皆老，如今不比旧风流。”张爱玲这次来香港，完全是为了生活奔波，是应了宋淇夫妇的邀请来写《红楼梦》剧本的，稿酬在1600到2000美元。她只是希望多赚一些钱，来缓解一下自己窘迫的生活。为了尽早拿到稿费，张爱玲拼命苦干，眼睛患了溃疡并且已经出血。但是，她还是忍着。为了自己，为了心爱的男人。

这段时间，赖亚一直不断地给张爱玲写信，说自己没事儿，病情慢慢好转，希望张爱玲不要再牵挂了。张爱玲为这个可爱的男子心疼。抚着赖亚的书信，她还是伤心。自己，又何尝不想回家呢？

这个时候，传来噩耗。说是邵氏公司将抢拍《红楼梦》，这意味着张爱玲的心血就要流产。此时，她深深感觉到失败了……

正月十五之前，张爱玲独自一人瞭望天际，感慨万千，一辈子，一生，都在漂泊。这次香港之旅，让爱玲筋疲力尽。

走回卧室，撕开赖亚给她的信。赖亚还是催张爱玲早些回去。赖亚为了使得自己心爱的女人开心，花钱不计数。张爱玲回信，让赖亚节约开支。

1962年3月16日，张爱玲终于离开香港回了旧金山，此后，算是永远与这片土地阔别了。

“轻轻地，我走了，正如我轻轻地来。我轻轻地挥一挥手，作别西天的云彩。”再见，香港！赖亚，等我……但张爱玲并不知道，这就是与自己深爱的男人最后的相处。好像最后的道别，总是要画一个美丽的符号，正如当初相遇。“你问我天堂有多远？我问你爱我有多深？”赖亚，我回来了。咱们好好过，再也不分开了，好不好？

阴阳相隔

【爱玲说】“死生契阔，与子成说；执子之手，与子偕老”是一首悲哀的诗，然而它的人生态度又是何等肯定。我不喜欢壮烈。我是喜欢悲壮，更喜欢苍凉壮烈只是力，没有美，似乎缺少人性。悲哀则如大红大绿的配色，是一种强烈的对照。

张爱玲要回旧金山，最兴奋的当然莫过于赖亚了。从3月16日，赖亚就在日记里重重写下“爱玲离港之日”的字样，他期待她早日回到自己的怀抱中。

按照计划，张爱玲应该在18日到达。可是暖暖的爱意遏制不住赖亚的脚步，17日他就跑到候机大厅，从太阳初升一直等到日落黄昏。

他多么盼望奇迹能够出现，我的爱玲就在我的面前。他是一天都不愿意等了。“小别胜新婚”怕也是在这里体现得淋漓尽致吧。

第二天，他和霏丝一起去了机场接爱玲。张爱玲满是疲惫从飞机上走下来，他们俩相顾无言，唯有千行泪了。千言万语化成一句话：“我们再也不分开了！”这千山万水的跋涉，有多难，到底有多难？只是这恋爱的男女一相见，所有的情绪瞬间便化成了蜜糖。

那一天外面的风的确很大，但是彼此之间的爱意，在这场所已经全部化作暖意。他们一起光顾了国会大厦和国会图书馆，张爱玲为国会大厦的富丽堂皇叹为观止。

刚回到家里，赖亚就为张爱玲准备好了咖啡以及麦片粥。张爱玲为自己炒了鸡蛋，一时之间，家的感觉让爱玲觉得无比惬意。家，真的就应该是这样的……

长途跋涉，爱玲有些疲倦，躺在沙发上，认真看着心爱的男人为自己做的汉堡以及色拉。饭菜很快端上了桌，张爱玲觉得幸福极了，有个男人来照顾真好，有个家真好。所有的委屈，在这里都会化为乌有，有的只是暖暖的爱意。

张爱玲给男人讲着这一路走来的风尘仆仆，以及奇遇。躺在自己心爱的男人怀里，真暖和。

那时候，张爱玲他们和霏丝住得很近，但是总觉得热情不起来。张爱玲从小就痛恨继母，万万没想到自己却做了别人的继母。想想命运可真是捉弄人啊。因此，霏丝邀请他们一起用餐，就只是赖亚一个人去了，爱玲

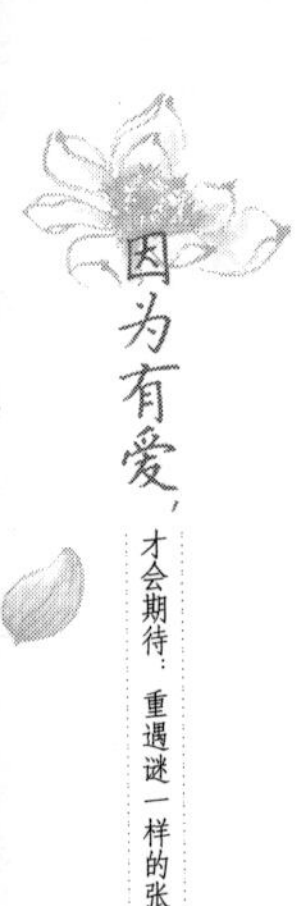

很少去的。

赖亚在国会图书馆申请了一个桌位，每天就在那里办公。张爱玲申请的地方离赖亚的不远，她只是在那里摘抄一些《少帅》里面要用到的资料。张爱玲还是最喜欢在家里办公，因为那样灵感更逼真一些，没有周边环境的束缚。

冬天，对于一个老人来说是很可怕的。华盛顿的冬天特别冷，12月份大雪铺天盖地，赖亚在去图书馆的途中，冷得发抖，膝盖几乎扭伤。回来之后，冷得在床上直打哆嗦，不能像平日一样去杂货店买东西了。那这些事情也只有张爱玲代劳了。

“路上小心，地很滑！”当一个男人真正爱一个女人的时候，他会觉得她很小，哪方面都需要照顾到。

夜幕已经降临。赖亚等啊，盼啊，张爱玲还是没有回来。一般爱人没有按时回来，对方便会胡思乱想：“不会出什么事情吧？”赖亚，心中不安。

“亲爱的，我回来了！”张爱玲随着风飘了进来，身上满是雪，胸前还抱着一个大纸包。

“瞧！这是什么？送给你的！”张爱玲神采飞扬。原来是一床粉红色的羊毛毯子。赖亚轻轻摸上去，又绵又软，又是自己心爱的女人弄回来的，既心疼，又幸福。

大概是因为跑了一些地方，张爱玲还是饿了。那晚，饭吃得格外香。赖亚靠在床上看几本杂志，看着看着躺在新毛毯上快乐地睡了。

如此平常的男欢女爱，在才子佳人这里显得尤为难得，也是人生的一大幸福，更是最真实的生活。“平平常常才是真”大概就是如此。

1964年6月20日，一架飞机在中国的台湾中部地区坠毁。这件事情对张爱玲影响很大，因为在遇难者当中有自己所在的电影公司的老板。他是新加坡一个集团的首脑。虽然电影不获利，但是由于他个人对电影的钟爱，一直支持着电影的发展，张爱玲在公司做编剧。这么多年张爱玲主要的经济来源便是这里，如今一断，生活怎么办呢？张爱玲再次陷入到窘迫的困顿当中。

总算天无绝人之路，麦加锡调到了美国，供职于“美国之音”。由于他的帮助，张爱玲就写一些广播剧本，都是改写的外国作家的小说剧本。这些“二手活”令张爱玲沮丧，毕竟一个天才的作家，是不适合做写手工作的。写广播剧，对于张爱玲而言，只不过是养活家人的一个工具或者途径而已。但是，生活就是生活。我们得吃穿住行，我们得活着，张爱玲内心的痛苦谁又知道呢？

屋漏偏逢连阴雨，赖亚的身体状况越来越糟糕。在1962年的时候，赖亚脑部就有出血，并且患有轻微的中风，但是两个月之后便很快康复了。不久，他又做了疝气手术。这天，赖亚摔了一跤，跌断了骨头，使得活动能力大大减弱。几乎在同一时间，他又患了中风。每次赖亚犯

病，张爱玲都非常着急，赶紧叫霏丝过来，两个女人为了一个男人手忙脚乱。对于张爱玲来说是自己深爱的丈夫，对于霏丝来说是自己深爱的父亲。不同的感情，同样的情愫。

这个老头的病越来越严重，他真的瘫痪了，大小便失禁，变得越来越沉默。深居简出，给张爱玲带来了很大的压力。她一方面要笔耕不辍，一方面还要照顾丈夫。赖亚心里是明白的，看着心爱的女人这样为自己操劳，他感到深深地自责。

1965年的圣诞节快到了，霏丝的三个女儿一起来探望外祖父。沉寂很久的小屋子里终于迎来了笑声。赖亚看着自己的儿孙后辈，不禁露出一丝笑意。但是，有一个小外孙女——安琪还是觉得黯然神伤。

张爱玲总是在寻找赚钱的机会。为了改变眼前的状况，她申请到迈阿密大学去做驻校作家。本校10月份出版的《迈阿密校友会》上关于张爱玲的消息说：她是“最优秀的在世当代作家之一”。这年9月，张爱玲来到了这所大学所在的牛津市。当然对自己的丈夫，张爱玲是放心不下的，想交给赖亚的女儿霏丝，然而霏丝还有两个儿子需要照顾，还有工作要做，只能作罢。于是，她就找了一个黑人妇女来照顾，但是总有不妥之处。在牛津不久，张爱玲就将赖亚接来，一边创作，一边照顾丈夫。

几个月之后，张爱玲发现自己的创作仍然没有进展，便又请求夏志清先生帮忙写推荐信给哈佛大学的雷德克里夫女子学院。在那里，她的主要工作是翻译《海上花传奇》。1967年4月，张爱玲带着赖亚悄悄离开了迈阿密大学，前往哈佛。

此时，赖亚已经病入膏肓。这个快乐的满是雄心壮志的男人已经奄奄一息，思绪只是停留在年轻时笑傲江湖的时代了。看着自己心爱的仍然年轻的女人，每天东奔西跑，他充满了深深的自责。有人说，少年夫妻老来伴，赖亚是不愿给任何人带来痛苦的。

张爱玲对此是明白的，可她还是希望丈夫能多活一天。多少个日日夜夜爱玲在祈求上苍。每次她看着赖亚，只是“相顾无言，唯有泪千行”。

1967年，秋叶飘然而至，这个令张爱玲深爱的男子还是永远地离开了她。从此，张爱玲又是一个人了。心中所有的哀愁更与何人说？正应了秦观那句“伤情处，高城望断，灯火已黄昏”。想想人生真是悲凉。还是《水浒传》里那句“赤条条来去无牵挂”。可是，张爱玲真的不想再飘了，已经飘了半个世纪了。

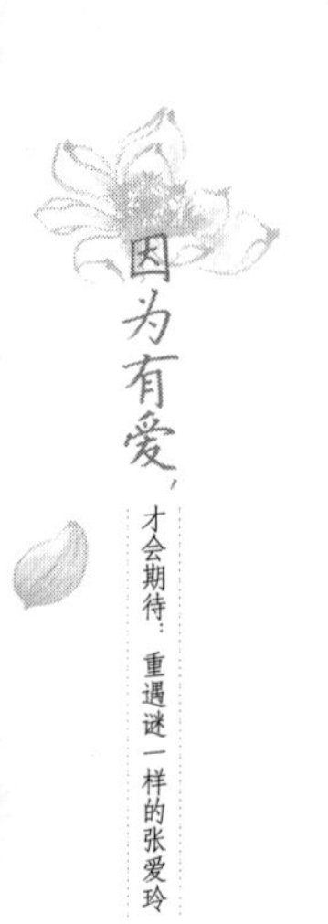

百年孤寂

【爱玲说】时代的车轰轰地往前开。我们坐在车上，经过的也许不过是几条熟悉的街道，可是在漫天的火光中也自惊心动魄。就可惜我们只顾忙着在一瞥即逝的店铺的橱窗里找寻我们自己的影子——我们只看见自己的脸，苍白，渺小；我们的自私与空虚，我们恬不知耻的愚蠢——谁都像我们一样，然而我们每人都是孤独的。

有人说，什么样的职业便要承受什么样的痛苦。十年生死两茫茫算什么？执手相看泪眼，竟无语凝噎，算什么？今宵酒醒何处，杨柳岸晓风残月，才是冷清。

何处是家？有些人寻了一辈子，可得到的是什么？家？家是什么？哪里有爱？何处是港湾？从上海到香港，从香港到欧洲的一些城市，这一路走来得到的不多，丢下的在哪里？

张爱玲在自己的《金锁记》里写道：“30年前的月亮

早已沉了下去，30年前的人也死了，然而30年前的故事还没完——完不了。”

张爱玲一个人，最终还是一个人，胡兰成——一个始终让张爱玲无法释怀的名字。

比起金钱、名利和地位，我只要和你在一起；比起和你在一起，我只要你快快乐乐，哪怕你在天涯，我在海角；比起你的快乐和幸福，我只要你活着；你能在这个世界上，哪怕我不想见，哪怕我们永相离，哪怕你忘记了我们的所有，一点一滴，哪怕你已经不记得我年轻的面庞。我只要你活着，只要你活着，我比什么都高兴，像小女儿一样吃了蜜糖；你高兴，我比吃什么都甜。我对爱的奢求就这么点儿，就只剩这么点儿了。

张爱玲的心里始终装着……

1969年，深知张爱玲才华的柏克莱加州大学中国研究中心主持人陈世骧教授，邀请她担任高级研究员的职位。在这里，张爱玲开始了她26年的漫长岁月。波士顿到柏克莱多远？其实，在此时的张爱玲心里已经没有多远了。

对于一个热衷于创作的人来说，在这里的日子，张爱玲过得并不是很舒心。工作方面，她主要是对中国共

产党的专用词汇进行研究。然而，偏偏在1970年有关这方面的术语很少，所以提交的词汇自然很少，这让陈世骧教授不禁大失所望。

有关这里的生活，张爱玲觉得真的不是特别喜欢。天气比较冷，对于一个老年人来说并不适合，在张爱玲和朋友的通信中我们可以看出，她不时地提到感冒、积食不消化、眼镜找不到、皮肤病、搬家、书籍丢失、胃疼等琐细的烦恼。然而，这时候，在中国台湾，却掀起了一股“爱玲热”。真是的，这个现象本来早该出现了，可是一直却迟迟不肯来。当然这里面功不可没的便是台湾皇冠出版社出版了一批张爱玲的作品。

1966年4月，《怨女》由皇冠出版社出版。此后，张爱玲的其他著作《秧歌》《流言》《张爱玲小说集》《半生缘》也在1968年前后由皇冠出版社重印。

这个世界，往往有着宿命的巧合。“皇冠”的老板平鑫涛竟然是当年中央书局平襟亚的侄子。在1944年的时候，张爱玲由于某些原因，没有同意让中央书局来出版她的文集，想不到，20年后，还是由平家人出版了她的作品。

真是“洛阳纸贵”，张爱玲的作品出现了风靡一时的热潮。当然，这与平鑫涛的妻子琼瑶有一丁点关系，琼瑶说，张爱玲就是她写作上的“老师”。

其实，张爱玲作品的再度风靡，原因是很多的。当然，她的作品的确堪称一流。尽管那时候在美国并不是很受欢迎，但是张爱玲仍抱有很大的信心，她始终坚信自己的作品能受到读者广泛欢迎。毕竟好的作品是经受得住时间考验的。

另外，就是这一时期，台湾禁止出版20世纪20至40年代的左翼作品。所以在这个时候，出版市场几乎成了真空。所以，作为20世纪40年代上海著名作家，张爱玲的作品一出现，大众的眼球立马被吸引。

就在这段时期，张爱玲的创作似乎回温了。1967年，她的英文小说《北地胭脂》由英国的凯塞尔出版社出版。然而，销路并不是很好，一些评论当然也不是很友好。张爱玲不禁对自己曾经向往，并且雄心勃勃的英文写作失去了信心。任何人都是这样，在不受肯定的地方，总会自卑。天才，也不例外。

后来，张爱玲将《北地胭脂》改名为《怨女》。相比《怨女》改写的艰难，将《十八春》改为《半生缘》是相对成功的，并且轻松。当然里面一个很重要的原因便是世均、曼桢和叔惠、翠芝重逢，留给读者的是这样的："曼桢道：'世均。'她的声音也在颤抖。世均没作声，等着她说下去，自己根本哽住了没法开口。曼桢半晌方道：'世均，我们回不去了。'他知道这是真话，听见了也还是一样震动。她的头已经在他肩膀上。他抱着她。"

或许人生本真就是由一段段错误与姻缘连缀而成。

在岁月的长河当中，一站被错过了，便是永远，永远的永远……再最深最美的都莫过于时光了，永远也回不去了……

上海，“童年的一天一天，温暖而迟慢，正像老棉鞋里面，粉红绒里子上晒着的阳光。”

弟弟，“我弟弟生得很美丽而我一点都不。从小我家里谁都惋惜着，因为那样的小嘴、大眼睛与长睫毛，生在男孩子的脸上，简直是白糟蹋了。”

炎樱，“有人说：‘我本来打算周游世界，尤其是想看看撒哈拉沙漠，偏偏现在打仗了。’炎樱说：‘不要紧，等他们仗打完了再去。撒哈拉沙漠大约不会给炸光了的。我很乐观。’”

胡兰成，“通向女人的心是阴道，做着，爱着，假戏，假戏，就真的爱上了，欲罢不能，这才是真实的人性，女人如此容易在床上爱上男人，原谅男人……怨恨男人……”

正如爱玲所言：“回忆这东西若是有气味的话，那就是樟脑的香，甜而稳妥，像记得分明的快乐，甜而怅惘，像忘却了的忧愁。”

张爱玲始终都是孤独的。天涯孤旅，谁能说得出的哀伤？

在研究所里，张爱玲的作息时间与众不同，她总是在下午四五点钟才来到办公室的，一直工作到午夜。她也不会去参加一些社交活动。

年龄逐渐增大，张爱玲变得更加深居简出了。话说大隐隐于市。张爱玲与水晶先生的一次长谈可谓例外的例外。

水晶先生显然是张爱玲作品的忠实粉丝。后来，水晶先生将与张爱玲的这段经历写成文章："她的起居室犹如雪洞一般，墙上没有一丝装饰和照片，迎面一排落地玻璃长窗。她起身拉开白纱缦，参天的法国梧桐，在路灯下，便随着扶摇的新绿，耀眼而来。远处，眺望得到旧金山的整幅夜景。隔着苍茫的金山湾海山，急遽变动的灯火，像《金锁记》里的句子：'营营飞着一巢红的星，又是一巢绿的星。'"

张爱玲的形象，当时大概是这样的："她当然很瘦——这瘦很多人写过，尤其瘦的是两条胳膊，如果借用杜老的诗来形容，是：'清辉玉臂寒'。像是她生命中所有的力量和血液，统统流进她稿纸的格子里去了。她的脸庞却很大，保持了胡兰成所写的'白描的牡丹花'的底子。眼睛也大，'清炯炯的，满溢着颤抖的灵魂，像是《魂归离恨天》的作者艾米莉·勃朗蒂'——这自然是她自己的句子了。她微扬着脸，穿着高领圈青莲色旗袍，斜欠身子坐在沙发上，逸兴瑞飞，笑容可掬。头发是'五凤翻飞'式的，像是雪莱《西风歌》里，迎着天籁怒张着黑发的Meanad女神。"

说是水晶先生幸运，倒不如说是漂泊了半生的张爱玲想找个人来说说了。他们之间谈了很多作品：《半生缘》《怨女》《海上花》《金瓶梅》等。谈到“五四”以来的作家，谈到自己喜欢阅读沈从文、张恨水的作品。谈了很多，很多……

水晶先生是这样描述张爱玲的笑声的：“她的笑声听起来有点腻答答，发痴嘀嗒，是十岁左右小女孩的那种笑声，令人完全不敢相信，她已经活过了半个世纪。”水晶先生还说：“我想张爱玲很像一只蝉，薄薄的纱翼虽然脆弱，身体的纤维质素却很坚实，潜伏的力量也很大，而且一飞便藏到柳荫深处。”

年老的张爱玲无疑是最孤独的，也只有这样的人能写出这样的句子——“寂寞的人总是会用心地记住他生命中出现过的每一个人，于是我总是意犹未尽地想起你在每个星光陨落的晚上一遍一遍数我的寂寞。”她还说：“每当我看天的时候，我就不喜欢再说话；每当我说话的时候，我却不敢再看天。”

她还记得，自己的上海，自己的胡兰成。因为这个男子，命运苍浮。现在，想想：“此情可待成追忆，只是当时已惘然。”这世间的男女，谁又理得清呢？是啊！诺言的“诺”字和誓言的“誓”字都是有口无心的。谁都在这世界上无法真正书写这两个字。《怨女》中不就老早说过：“繁华与生命都是要消失的，唯时间变动不居，傲视着来来去去的人群，人之为人的悲凉亦在于此吧。漂亮的女孩子不论出身高低，总是前途不可限量，或者应当说不可测，她本身具有命运的神秘性。一结了婚，就死了个皇后，或是死了个名妓，谁也不知道是哪个。”

在《对照记》的结尾，张爱玲写道：“然后时间加速，越来越快，越来越快，繁弦急管转入急管哀弦，急景凋年倒已经遥遥在望。一连串的蒙太奇，下接淡出。”多么美妙的文字，张爱玲到头来是为文字而生的。因为张爱玲成就奇迹，而奇迹雕刻文字。

张爱玲终于要合上了自己老旧的相册。她累了，她要睡了，她不知道这一睡需要多久。一行清泪从眼角慢慢流出。她想起了上海，香港。她看到了那青衣男子胡兰成，还是那婚后的声音：“爱玲，爱玲……”骤然，母亲飘来，“小瑛，小瑛……”张爱玲要被接走了，要离开这沧浪的尘世了。

1995年9月8日，邻居们发现这个瘦削的老太太几天没出门。等到洛杉矶警署的官员打开爱玲公寓的门：一位瘦小、穿着红色旗袍的中国老太太，安详得像是回家一样躺在空旷的大厅里面的精美的地毯上。桌子上是稿纸，一支没有合起来的笔。那时候，张爱玲已经走了六七天了。

借用一段余秋雨先生的话语：“她死得很寂寞，就像她活得很寂寞。但文学并不拒绝寂寞，是她告诉历史，20世纪的中国文学还存在着不带多少火焦气的一角。正是在

这一角中，一颗敏感的灵魂，一种精致的生态，风韵永存。我并不了解她，但敢于断定，这些天她的灵魂漂浮太空的时候，第一站必定是上海。上海人应该抬起头来，迎送她。”

周汝昌也悼文——《遥祭张爱玲》：疑是空门苦行僧，却曾脂粉出名城。飘零碧海灰能化，寝馈红楼恨未平。附骨有蛆遗痛语，卓锥无地抱深情。谁知此日纷腾誉，不见心灵说字灵。

人生如花，花似梦。长的是磨难，短的是人生。正如张爱玲的作品里所写：“人生是残酷的，看到我们缩小又缩小的，怯怯的愿望，我总觉得有无限的惨伤。”张爱玲一生受尽磨难。热闹，寂寞；浮华，苍凉。也许留给世人的永远是个奇迹。静默，执念！

后语——有女同车

这是句句真言，没有经过一点剪裁与润色的，所以不能算小说。

电车这一头坐着两个洋装女子，大约是杂种人吧，不然就是葡萄牙人，像是洋行里的女打字员。说话的这一个偏于胖，腰间束着三寸宽的黑漆皮带，皮带下面有圆圆的肚子，细眉毛，肿眼泡，因为脸庞上半部比较突出，上下截然分为两部。她道："……所以我就一个礼拜没同他说话。他说'哈罗'。我也说'哈罗'"。她冷冷地抬了抬眉毛，连带地把整个的上半截脸往上托了一托。"你知道，我的脾气是倔强的。是我有理的时候，我总是倔强的。"

电车那一头也有个女人说到"他"，可是她的他不是恋人而是儿子，因为这是个老板娘模样的中年太太，梳个乌油油的髻，戴着时行的独粒头喷漆红耳环。听她说话的许是她的内侄。她说一句，他点一点头，表示领会，她也点一点头，表示语气的加重。她道："我要翻翻行头，伊

弗拨我翻。难我讲我铜钿弗拨伊用哉！格日子拉电车浪，我教伊买票，伊哪哼话？……‘侬拨我十块洋钿，我就搭侬买？’坏咈？……”这里的“伊”，仿佛是个不成材的丈夫，但是再听下去，原来是儿子。儿子终于做下了更荒唐的事，得罪了母亲：“伊爸爸一定要伊跪下来，‘跪呀，跪呀！’伊定规弗肯：‘我做啥要跪啊？’一个末讲：‘定规要侬跪。跪呀！跪呀！’难后来，伊强弗过咧：‘好格，好格，我跪！’我说：‘我弗要伊跪。我弗要伊跪呀！’后来旁边人讲：价大格人，跪下来，阿要难为情，难末喊伊送杯茶，讲一声：‘姆妈勿要动气。’一杯茶送得来，我倒‘叭！’笑出来哉！”

电车上的女人使我悲怆。女人……女人一辈子讲的是男人，念的是男人，怨的是男人，永远永远。